"十四五"职业教育国家规划教材

银行大堂服务实训
（第2版）

主　编　蔡宝兰　常金波

电子工业出版社
Publishing House of Electronics Industry
北京·BEIJING

内 容 简 介

本书是职业教育金融事务专业核心课程系列教材之一，依据职业教育金融事务专业课程标准组织编写而成。

本书以银行大堂经理为主体，围绕服务对象，按照银行大堂经理一天的工作流程，学习银行大堂业务的处理。本书的主要内容包括：营业前环境和人员准备、营业中迎送客户与引导营销服务和事件处理服务、营业后信息与环境处理、综合实训、附录。

本书可作为职业教育金融事务专业及其他相关专业的教学用书，也可作为各类人员学习金融事务专业的参考用书。

未经许可，不得以任何方式复制或抄袭本书之部分或全部内容。

版权所有，侵权必究。

图书在版编目（CIP）数据

银行大堂服务实训 / 蔡宝兰，常金波主编. —2 版. —北京：电子工业出版社，2023.7
ISBN 978-7-121-45880-4

Ⅰ．①银… Ⅱ．①蔡… ②常… Ⅲ．①银行－商业服务－中等专业学校－教材 Ⅳ．①F830.4

中国国家版本馆 CIP 数据核字（2023）第 119154 号

责任编辑：徐　玲
印　　刷：三河市良远印务有限公司
装　　订：三河市良远印务有限公司
出版发行：电子工业出版社
　　　　　北京市海淀区万寿路 173 信箱　邮编 100036
开　　本：787×1 092　1/16　印张：12.25　字数：280.8 千字
版　　次：2019 年 5 月第 1 版
　　　　　2023 年 7 月第 2 版
印　　次：2023 年 7 月第 1 次印刷
定　　价：38.00 元

凡所购买电子工业出版社图书有缺损问题，请向购买书店调换。若书店售缺，请与本社发行部联系，联系及邮购电话：（010）88254888，88258888。

质量投诉请发邮件至 zlts@phei.com.cn，盗版侵权举报请发邮件至 dbqq@phei.com.cn。

本书咨询联系方式：xuling@phei.com.cn。

  "银行大堂服务实训"是金融事务专业（银行业务方向）的专业核心课程，具有一定的理论性和较强的实践性，在本专业课程体系中具有一定的独立性。本书经银行专业人士审读给予了较高评价，认为内容全面、标准规范。

  本书是在保持第 1 版结构体系的基础上，更新了专业知识。

  本书主要特点如下：

  （1）以职业教育金融事务专业学生的就业为导向，以银行大堂服务流程为主线，将要求学生掌握的专业知识和必备能力分解设计成若干个工作任务，根据职业院校学生的认知特点展示教学内容。

  （2）以任务导入引入相关知识，通过角色扮演等训练活动，引导学生学与做相结合、边学边做，以培养学生胜任银行大堂服务的职业能力，为学生学习其他相关专业课程打好基础。

  （3）以银行大堂见习经理接受培训和实习工作为主线，从营业前环境和人员准备、营业中迎送客户与引导营销服务和事件处理服务、营业后信息与环境处理，让学生跟随银行大堂经理体验工作过程，从而了解银行大堂经理的工作内容，掌握其服务标准。

  本书共分 7 个项目 15 个任务。学校可以根据教学情况、用人单位、学生实际需要选用某一部分或全部任务。本书建议安排课时数为 72 课时，具体课时建议如下表所示。

课程内容	课时
项目一　营业前环境准备	8
项目二　营业前人员准备	8
项目三　营业中迎送客户服务	14
项目四　营业中引导营销服务	12
项目五　营业中事件处理服务	8
项目六　营业后信息与环境处理	10
项目七　综合实训	12
合　计	72

本书由北京商贸学校高级讲师蔡宝兰、北京市外事学校高级讲师常金波担任主编，北京市外事学校李丽君担任副主编。编写分工如下：项目一、项目二、项目七由蔡宝兰编写，项目三由潘薇编写，项目四、项目五由常金波编写，项目六由李丽君、蔡宝兰编写，附录由蔡宝兰编写。

本书各项目均配有二维码，读者可以扫描观看相关的图片、视频资料。

为方便教师教学，本书还配有电子教案、教学指南和习题答案，请有此需要的教师登录华信教育资源网，免费注册后再进行下载，有问题请在网站留言板留言或与电子工业出版社联系（E-mail：hxedu@phei.com.cn）。

在本书的编写过程中，得到北京农商银行、中国民生银行、中国建设银行、招商银行等多家金融机构人士，以及北京商贸学校、北京市外事学校学生的大力支持，在此一并致谢。本书内容如有引用，由于疏忽未做注明之处，在此一并致歉。

由于时间仓促，编者水平不一，最新资料查询受限等多种原因，疏漏之处在所难免，今后我们还会继续收集各方意见，不断改进、完善，恳请读者提出宝贵意见，在此一并表示感谢。如有疑问、建议或意见，欢迎以电子邮件形式发送到yhgmywcl@126.com。

编　者

项目一	营业前环境准备 1
任务一	银行大堂环境准备 2
	一、银行环境分析 2
	二、安全检查 4
	三、银行大堂环境卫生管理与监督 5
	四、银行环境的防护 7
任务二	大堂设施准备 10
	一、营业前设施准备内容 10
	二、服务区设施物品摆放 11
项目二	营业前人员准备 22
任务一	仪容仪表准备 23
	一、人员角色定位 23
	二、人员仪容准备 27
	三、人员仪表准备 28
任务二	服务礼仪准备 36
	一、形体姿态 36
	二、表情神态 41
	三、服务礼仪 42
项目三	营业中迎送客户服务 51
任务一	迎送客户与业务分流 52
	一、迎接客户 53
	二、业务分流 55
	三、送别客户 59
	四、银行大堂环境及秩序管理 61
任务二	客户填单指导 65
	一、接待客户 66
	二、询问客户需求 66
	三、指导客户填单 66
任务三	自动设备服务 71
	一、业务分流 71
	二、自助设备的使用 71

项目四　营业中引导营销服务 ... 76
任务一　差别服务 ... 77
　　一、我国商业银行的业务类型 ... 77
　　二、我国商业银行的客户类型 ... 78
　　三、望、闻、问、切，对客户进行差异鉴别 ... 82
任务二　产品推介 ... 88
　　一、银行理财产品的分类 ... 89
　　二、客户心理需求的一般特征 ... 90
　　三、差异化产品推介服务 ... 92
　　四、成功推介方法 ... 94

项目五　营业中事件处理服务 ... 101
任务一　争议事件处理 ... 102
　　一、询问客户投诉 ... 102
　　二、提出解决方案 ... 103
　　三、为客户解决问题 ... 104
　　四、确认满意，礼貌送别 ... 104
　　五、记录处理过程和结果 ... 105
任务二　突发事件处理 ... 109
　　一、确认突发事件 ... 110
　　二、通知网点负责人 ... 111
　　三、实施应急处理预案 ... 111
　　四、报告服务突发事件 ... 111
任务三　服务环境及设施维护 ... 115
　　一、营业环境的维护 ... 115
　　二、单证物品的准备 ... 118
　　三、自助设备的检查 ... 118
　　四、仪容仪表的监督 ... 119

项目六　营业后信息与环境处理 ... 124
任务一　客户信息收集 ... 125
　　一、客户信息的内涵 ... 125
　　二、客户信息的分类 ... 126
　　三、银行大堂服务信息的收集 ... 126
任务二　客户信息反馈 ... 136
　　一、明确客户投诉 ... 137
　　二、处理客户投诉 ... 138
任务三　环境与信息汇报 ... 143
　　一、环境与信息整理 ... 143
　　二、银行服务信息分析与汇报 ... 147

项目七　综合实训 161
附录 165
　　附录 A　中国银行业营业网点银行大堂经理服务规范 166
　　附录 B　金融机构客户尽职调查和客户身份资料及交易记录保存管理办法 169
　　附录 C　商业银行大堂经理考核管理办法 183

项目一
营业前环境准备

知识目标

掌握银行大堂安全及环境卫生的基本标准,知悉银行大堂环境的安全事项,掌握相关操控技能,初步树立银行服务的职业意识。

任务一　银行大堂环境准备

银行开门营业前，银行大堂人员要按照行业规范做好银行大堂环境的各项营业准备。

 任务导入

钱一文是北京商贸银行西城支行新入职的银行大堂经理，上岗前要接受银行的培训。

通过培训，钱一文要学会：银行大堂经理工作的具体内容，在工作中摆正心态，做好正确的角色定位，每天银行营业前做好安全及卫生检查等各项准备工作。

工具准备：胸卡、监控器、报警器。

职业意识：安全、规范、快捷。

 知识准备

一、银行环境分析

企业经营环境是指企业赖以生存又游离于企业之外的社会系统，是企业外部各种影响因素的总称，也称企业外部环境。企业经营环境分类如表1-1所示。

表1-1　企业经营环境分类

分 类 标 准	分　　类
按企业经营环境的客观属性分	社会环境与自然环境
按企业经营活动过程分	投资环境、生产环境、交换环境等
按外部环境诸因素是否直接影响到企业分	直接环境和间接环境

客户的活动总要在某一特定的环境中进行，银行应该根据经营业务及客户需要提供这种环境。该环境既包括银行服务的硬件环境，也包括银行服务的软件环境，银行营业环境是客户服务的基本条件。银行营业环境从客观条件来看

又分为外部环境与内部环境。

　　银行良好的营业场地与舒适的环境是为客户提供优质服务必不可少的硬件条件之一。外部环境指营业场所，应优先选择街道整洁、环境优美、交通便捷、位置显著的核心或中心地带，这样既能保证客户出入便捷、安全高效，同时也保证了钱款相对安全。内部环境指银行营业场所内的装饰、装潢、装修等级与标准等，都有统一的规范要求，必须有严密的安防系统，公共营业场所装修如防火、防灾等都要经过相关监管部门（公安、消防、银监会等主管部门）验收合格才能开业。

1. 银行外部环境

银行外部环境（见表1-2）是指银行正常经营所必备的外部营业环境。

表1-2　银行外部环境

项目	具体内容
内容	包括营业建筑、各类标志、附属设施和周围的环境
银行外部环境设施要素	（1）地面：硬质地面台阶及其接缝是否洁净，上蜡是否光亮，地毯是否清洁，有无污点和霉斑，踢脚板、墙角线、地角线等地方有无积尘、杂物、污渍； （2）墙面：大理石、瓷片、瓷砖是否干净、明亮、无污渍； （3）玻璃：玻璃幕墙、门、窗、镜面、玻璃围栏、触摸屏及扶梯玻璃是否洁净透亮； （4）金属制品：如电房门、电梯门、支架、热水器、消防门、烟灰缸、水龙头、不锈钢栏杆等是否用指定的清洁剂擦过，是否光亮无锈迹和污渍； （5）天花板：光管、指示牌、光管盘、灯罩等设施是否干净无尘，有无蜘蛛网； （6）大堂：废纸及垃圾桶内的其他脏物是否按规定及时清除，防滑红地毯是否干净，接待台、保安亭等设施是否干净无杂物； （7）垃圾清运：垃圾清运是否准时，是否日产日清，清运是否及时，垃圾清运过程中散落的垃圾是否清扫干净，是否每周将垃圾桶内外清洗一次
要求	经常擦拭、清扫，保持整洁，做到无杂物、无污痕，做好门前三包

2. 银行内部环境规范

银行内部环境是指银行办理业务所必备的内部营业环境，如图1-1所示。
银行内部环境规范如表1-3所示。

图 1-1　银行内部环境

表 1-3　银行内部环境规范

项　目	具 体 内 容
定义	在营业厅堂内为客户提供方便服务的各项设施
内部环境所含要素	（1）利率牌、外汇牌价牌、柜台业务标识牌、业务岗位统一工号牌； （2）供客户使用的各种单据、凭证、凭条及书写文具； （3）向客户介绍银行业务、金融知识的统一宣传架，单据规范填写样本； （4）客户服务的咨询台、接受客户监督的统一意见簿、意见箱和监督电话； （5）为客户提供方便的计算器、老花镜、放大镜、轮椅、海绵池、验钞机、捆钞条等； （6）供客户休息的沙发、座椅、饮水机
要求	经常擦拭、清扫，保持整洁，做到无杂物、无污痕，及时检查与补充

二、安全检查

银行大堂经理应密切关注营业场所动态，发现异常情况及时报告，维护银行和客户的资金及人身安全。

银行大堂经理制度的推行，对于银行来说，体现了从业务管理转向客户管理，从以产品为中心转向以客户为中心，从提供一般优质服务转向个性化、差异化服务，是应对激烈竞争的手段之一；而对于老百姓来说，银行大堂经理实现了与客户面对面的沟通，带来的是实实在在的优质服务。

规范的银行环境标准

功能分区合理，设施齐全便利；

环境优美舒适，干净整洁安全；

公告提示突出，指示标志醒目；

服务标准透明，宣传恰当新颖。

动脑筋

你知道国内第一家无人银行在哪个城市吗？与传统商业银行相比，无人银行有哪些不同呢？

_____
_____
_____
_____
_____
_____
_____
_____

（银行安全保卫）

三、银行大堂环境卫生管理与监督

银行大堂环境卫生是保证银行正常营业的基础，一般都由保洁人员完成，银行大堂经理不仅要做好安全检查，还要负责日常卫生的监督检查，以确保营业区域达到环境整洁、摆放整齐、张贴正确等要求。例如，各种单据码放在指定位置，单据无破损，笔和纸张不乱扔乱放，配置碎纸机，引导客户不乱扔回单，防止数据隐私泄露等，引导客户树立环保意识、节约意识，引导和指导客户无纸化办理业务等，同时还要保证"门前三包"。

1. 物品摆放标准

（1）区分物品的必要性，将工作现场的所有物品分为必要的物品和非必要的物品，把非必要的物品全部清除。

（2）科学摆放物品，做到整洁美观、取用便捷，物品的放置场所原则上要指定，操作台附近只能摆放必要的物品。

（3）清扫垃圾，美化环境，将工作场所内所有地方清扫干净，保持洁净，并明确责任，形成制度。

（4）环境整洁，贯彻到底，即维持上述成果，实施定期检查。

（5）当好环境清洁员，负责将网点的标志、利率牌、宣传牌、告示牌、机具、意见簿、宣传资料等摆放整齐，对便民设施进行维护，使客户一走进银行就有一种家的温暖。

（6）营业厅内整洁舒适，地面、墙面及各种设施无烟蒂、无纸屑、无灰尘、无污渍、无杂物。

（7）栏杆、门窗无锈迹、无蛛丝等；天花板、墙角无蜘蛛网；垃圾桶及时清理，坚决杜绝垃圾溢出桶外。

2. "门前三包"岗位职责

"门前三包"是指临路（街）所有的单位、门店、住户将担负市容环境责任三包，简单地说就是"包卫生、包秩序、包绿化"。其主要任务如下：

（1）"包卫生"，要求划定的责任区内环境整洁，每天清扫地面，清除痰迹、污物、废弃物和积水积雪，做到无裸露垃圾、粪便、污水、无污迹、无渣土、无蚊蝇滋生地；制止随地吐痰、乱扔乱倒废弃物的现象。

（2）"包秩序"，要求在划定的责任区内，门前市容整洁，无乱设摊点、乱搭建、乱张贴、乱涂写、乱刻画、乱吊挂、乱堆放、乱停车辆等行为。停放在银行门前的非机动车辆应摆放整齐，发现其他单位或个人违反规定或发生打架斗殴等违反治安管理规定的，有权予以劝阻、制止，并向有关行政管理部门报告。

（3）"包绿化"，要求在划定的责任区内按照园林管理部门的规划布置，种植并管护树木花草，维护绿化设施，保证设施、设备和绿地整洁，并对门前绿化杂草予以清除。

做好"门前三包"，对门前车辆停放秩序进行管理，对垃圾广告及时清理，对绿化设施进行管护，不仅要给前来银行办理业务的客户营造舒适、整洁的环境，还要为城市的文明、和谐、有序做出应有的奉献。

四、银行环境的防护

对营业厅的防护应做到以下几点。

（1）在服务台、柜台桌面及ATM机、电梯间等的明显位置摆放酒精和速干免洗洗手液，张贴海报、宣传告示等提醒客户加强手部卫生。

（2）对取号机、柜台柜面、密码器、签字笔、点钞机、ATM机、公共座椅等公用物品设施进行消杀。

（3）在大厅内设置明显的距离标志，提醒客户排队取号、办理业务、等候或在ATM机存取款时保持有效的安全距离。

（4）供客户饮用的桶装水、饮水壶要有专人管理，有条件的银行营业厅可以将饮品全部换成瓶装。

（5）每日对银行营业环境内外进行早、中、晚全面消杀一次，每周固定时间全面消毒至少一次，并及时将消毒具体时间登记到台账上，执行负责人签字确认。

 角色扮演

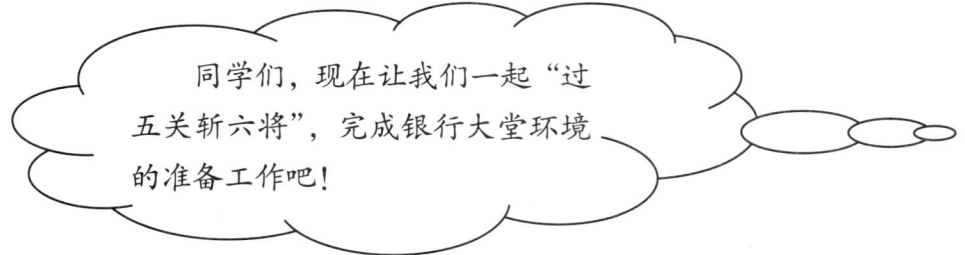

同学们，现在让我们一起"过五关斩六将"，完成银行大堂环境的准备工作吧！

【实训目标】模拟布置北京商贸银行大堂环境。

【实训要求】

1．按照银行规范标准准备模拟物品。
2．按照职业规范标准布置银行大堂环境。

3. 以上活动均以小组形式呈现，力求专业、规范。

【实训内容】

1. 组建小组，每 4～5 人为一组，选出一名组长，由组长确定组员任务和工作进度的安排，分小组开展活动，认真观察思考后填写实训过程。

2. 实地观察你家附近的银行大堂布置，选取两三家进行调研。要求：尽可能拍照、拍视频，如不允许，可在室外拍照后做好笔记，分析优缺点，提出改进的措施。

【实训过程】

_____
_____
_____
_____
_____
_____
_____
_____

【实训评价】

根据评价要素，将小组对个人的评分及文字评价填写在表 1-4 中。

表 1-4　评价表

评价项目	评价要素	分　值	评分及文字评价
银行环境	环境分类是否清楚	10 分	
	是否掌握环境管理的要素与标准	15 分	
安全检查	安全检查内容是否清楚	15 分	
	安全检查是否规范	15 分	
	了解监控器、报警器的使用	20 分	
卫生检查	物品摆放是否齐全	10 分	
	物品摆放是否合理、规范	15 分	
合　计		100 分	

任务检测

1. 知识检测

（1）填空题

① 银行营业环境是客户服务的_____，银行营业环境从客观条件来看又分为_____与_____。

②"门前三包"简单地说就是_____、_____、_____。

（2）简答题

① 银行大堂服务人员应如何做营业前安全检查，有哪些注意事项？

_____

_____

_____

② 你到银行办理业务时，有没有让你印象深刻的银行大堂经理？给你留下深刻印象的原因是什么？如答否，则回答银行大堂经理为你服务的表现及存在的问题。

_____

_____

_____

③ 如何做好银行环境的防护工作？

_____

_____

_____

2. 牛刀小试

【资料】

北京商贸银行大堂人员张莉已经做了几年的银行大堂经理，对于每日必须参加的早例会有些懈怠，总是心不在焉，晚上下班前高级银行大堂经理金玉找她谈话。

【要求】

（1）熟知角色定位与工作流程；

（2）以小组为单位进行角色扮演，填写操作记录。

【操作记录】

_____

_____

_____

_____

_____

任务二　大堂设施准备

银行每日营业前，银行大堂经理要按照行业规范认真做好银行大堂设施的准备工作。

 任务导入

北京商贸银行大堂经理张莉早上营业前来到银行大堂，在完成安全检查、做好卫生后，先整理了书报架，接着把填单台的各种单据摆好、补齐，最后将电子显示屏、排队取号机等电子设备接好电源、打开，完成一天的营业设施准备工作。

工具准备：胸卡、监控器、报警器。

职业意识：安全、规范。

 知识准备

一、营业前设施准备内容

银行大堂经理应在开门营业前做好以下准备工作，银行设施检查内容如表1-5所示。

表 1-5 银行设施检查内容

项　　目	检查内容要求
业务设备	（1）叫号机、自助设备、电子显示屏是否正常运行。 （2）自助电话线路是否通畅
宣传品	（1）宣传海报、展架是否按规定正确摆放。 （2）折页品种是否齐全、数量是否充足、是否在有效期限内。 （3）宣传告示栏内容是否需要更新。 （4）客户意见簿、意见箱是否合规
办公用品与文件	（1）柜台、填单台的签字笔能否正常使用，各类单据是否齐全、充足。 （2）名片、银行大堂经理工作日志、工作夹手册、客户需求登记簿、产品说明书等是否齐全，银行大堂经理日常使用的各类文件、表格等是否整齐有序摆放。 （3）提倡采用《银行大堂经理工作夹制度》。 （4）上班前准备时，银行大堂经理是否将客户经理名片、业务申请表、最新业务宣传单、自助设备使用指南、已识别优质客户信息记录表、投诉记录表放入工作夹内
服务设备	（1）饮水机的饮用水是否需要更换，水杯是否充足。 （2）客户座椅是否有损坏。 （3）消防设备的摆放是否合规

电子显示屏显示的北京商贸银行人民币储蓄利率表如图 1-2 所示。

北京商贸银行人民币储蓄利率表

项目	年利率（%）
一、活期存款	0.35
二、定期存款	
（一）整存整取	
3个月	1.10
半年	1.30
1年	1.50
2年	2.10
3年	2.75
（二）零存整取、整存零取、存本取息	
1年	1.50
3年	2.10
（三）定活两便	
按1年以内定期存款取同档次利率打6折执行	
三、通知存款	
1天	0.80
7天	1.35

图 1-2 电子显示屏显示的北京商贸银行人民币储蓄利率表

二、服务区设施物品摆放

银行大堂经理应熟悉银行网点各项功能服务区的划分及服务内容，银行网点服务区按功能一般分为 7 个区域，如图 1-3 所示。

1. 客户咨询引导区设施物品的摆放

客户咨询引导区也是银行大堂经理服务区，是银行大堂经理接待客户，并通过提供简单咨询服务分流客户的区域。客户咨询引导区是客户进入网点的第一个区域，一般设置在营业网点主门入口处正前方或一侧（按照客户视角，一般以左侧为优），这是银行大堂经理负责客户引导和分流工作的主要区域，应按要求摆放营业网点功能区域指示牌，便于客户了解功能分区、业务办理和服务受理的步骤。

银行网点服务区分类 { 客户咨询引导区、客户等候区、自助服务区、封闭式柜台区、开放式柜台区、理财服务区、办公区 }

图 1-3　银行网点服务区分类

客户咨询引导区设施物品的摆放如表 1-6 所示。

表 1-6　客户咨询引导区设施物品的摆放

物品名称	摆放标准
设施物品	必须摆放在显著位置，易于被客户发现，且便于引导和分流客户
客户咨询引导台	设置在营业厅入口处或客户进入网点视觉冲击最明显的位置，基础网点可视物理空间状况选择小型客户咨询引导台
客户识别导向系统	排队叫号系统是客户识别导向系统中的一种，可与咨询引导台一体化设计，也可放置在客户咨询引导台的前方或放置在营业厅入口处，正面面向客户
银行大堂经理操作台	银行大堂经理操作台包括主机和显示器。主机放置于台面之下，显示器放置于客户咨询引导台副柜台面中间
身份证复印机	摆放于客户咨询引导台副柜台台面的左侧
台式宣传折页架	（1）台式宣传折页架应面向客户，摆放于客户咨询引导台主台面左侧（从银行大堂经理的角度），如海报宣传架。 （2）一般同一种类业务宣传折页以 5~10 张为限，要及时更新、补充
文字登记簿	文字登记簿包括客户意见簿、网点捡拾物品登记簿（见图 1-4）等，应面向客户放置在客户咨询引导台左侧的亚克力专用支架上
功能分区指示牌和温馨提示牌	使用时可以二选一，放置于银行大堂入口处咨询引导台附近的显著位置，如一米等候线（见图 1-5）、温馨提示牌（见图 1-6、图 1-7）、高峰提示牌（见图 1-8）
填单台	（1）应靠柱面或墙面放置，左侧或右侧靠近柱面摆放或与柱面连成一体，不能靠柱面放置的，与附近的墙面平行或垂直摆放。 （2）填单台台面中部钢化清水玻璃下放置常用的空白单证，台面中部填单样式架上放置常用业务申请单填写模板。 （3）台面中部配置客户签字笔，视业务量大小，一般放置 2 支左右，等距离居中放置。 （4）填单台台面下方两侧隔板的内侧可放置 1 个垃圾桶。 （5）二级分行所在地的财富类、精品网点可在填单台内设置 1 台小型碎纸机取代垃圾桶

> **工具**
>
> 一米等候线
>
> 一米等候线：银行每个办理业务的窗口前一米以外的地方都有一条线，也就是排队等候线，是防止任意插队和保护正在办理业务的客户个人隐私的一种常见措施。

图1-4　网点捡拾物品登记簿

图1-5　一米等候线

图1-6　温馨提示牌1

图1-7　温馨提示牌2

图1-8　高峰提示牌

2. 客户等候区设施物品的摆放

客户等候区是客户等候办理业务及休息的区域，是银行大堂经理向客户宣传展示产品、服务及营销活动的区域。客户等候区一般设置在各个功能分区的连接处，

13

如可设置在客户咨询引导区与柜台区之间，主要功能是为排队客户提供等候空间、向客户宣传和展示银行形象及银行产品。

客户等候区主要配备客户等候椅、多媒体播放系统、挂墙式海报折页架、落地式海报折页资料架和三角资料架、公告栏、营销展示柜等设施物品。客户等候区设施物品配备应规范统一，摆放应简洁、明快。为保持大堂整洁、美观，不设形象展示墙的网点应尽量利用墙面和柱面进行宣传、展示，设置形象展示墙的网点应充分利用形象展示墙集中陈列宣传品。客户等候区设施物品的摆放如表1-7所示。

表1-7　客户等候区设施物品的摆放

物品名称	摆放标准
客户等候椅	在客户等候区适当位置侧向柜台摆放三联排客户等候椅，基础网点一般设置2~4组，精品以上网点一般设置4~6组
多媒体播放系统	营业网点的液晶电视用于多媒体播放，可设置在营销宣传墙上部（中心距地面2米，与形象展示墙平行，并固定在形象展示墙上），也可放置在客户等候区对面的柱面或墙面上，液晶电视底端距地面高度不小于1.8米，与天花板呈75°角；横向位置为柱面中部或墙面上最便于客户浏览的位置，客户等候区电子显示屏如图1-9所示
挂墙式海报折页架	悬挂于客户休息区和营销宣传区的柱面和墙面上，底端距地面高度不小于1.3米，数量、具体位置由分行根据网点的物理空间、布局及业务功能确定，不得另外摆放易拉宝、X展架
落地式海报折页资料架和三角资料架	（1）摆放在客户休息区和营销宣传区的显著位置，便于客户取阅。 （2）宣传资料应及时更新、补充，同一产品业务宣传资料数量应每沓5~10张为宜，最多不超过10张，少于5张应及时补充。 （3）严禁摆放过期、破损的产品宣传资料。 （4）严禁将宣传资料摆放凌乱，或将不同产品或业务的折页混为一沓
公告栏	（1）摆放、悬挂于营销宣传区显著位置。 （2）公示内容应及时更新，撤换过期公告。 （3）严禁手写公告，严禁以"贴膏药"的方式累叠粘贴公告
营销展示柜	置于营销宣传区内显著位置，靠墙或靠柱摆放以增加稳定性
饮水机	在客户等候区靠墙角、墙面或柱面方便客户取用的位置设置饮水机及一次性水杯，靠墙放置的饮水机取水口应面向客户视角容易发现的方向
垃圾桶	放置在客户容易发现的网点墙角、墙面、柱面的适当位置，垃圾桶数量不宜过多
其他设施	（1）外部监管部门要求公示的残币兑换标准、告知书、服务收费标准等信息可在海报架或告示牌中展示，按海报架或告示牌摆放要求管理。 （2）客户等候区在30平方米以上的网点可选设适当的美化环境的绿色植物。 （3）使用非固定式语音服务直通电话的网点，可将语音服务直通电话放置在营业厅客户等候区显著处，靠墙面或柱面摆放

项目一　营业前环境准备

图 1-9　客户等候区电子显示屏

3. 自助服务区设施物品的摆放

自助服务区是向客户提供便利、全面的自助业务办理和服务的区域。其主要为有小额现金存取、转账、查询、代缴费等业务需求的客户提供快速办理业务的通道，起到分流客户、减轻柜面压力的作用。

（1）自助服务区一般应临街设置，在靠近网点入口处，并直接与大堂相通，原则上设在客户经营业厅主门至柜台的必经之处或营业厅内的显著位置，优先于柜台进入客户视线，便于将客户分流至自助渠道。

（2）自助服务区原则上设置两个门，一个与营业厅客户咨询引导区相连，营业时间用于分流客户，非营业时间通过卷闸门实现分隔，另一个与外界相通，作为客户的 24 小时通道。

（3）自助服务区设施排列顺序自左至右依次为：语音服务直通电话、自助终端、存折补登机、自动取款机、自动存取款机、自动存款机等。如果设备型号、外观有较大差异，按上述方式摆放不美观，各行可根据自助服务区结构特点及设备配置情况自行安排摆放顺序，但涉及现金交易的设备要放在一起。

工具

智慧柜员机

智慧柜员机是一个由客户自主操作的新型服务平台，通过人机智能交互提供综合金融服务的智能化自助终端，可提供对公、对私业务产品和服务。它具有覆盖业务种类齐全、业务办理免填单、客户自助操作简单明了、省时高效等特点，如图 1-10 所示。

图 1-10　智慧柜员机

（4）自助服务区可放置一个垃圾桶，放置在自助服务区通向营业厅外部入口左侧，靠墙放置。

（5）自助设施外观保持整洁、卫生，自助设施灯箱及自助设施禁止张贴除总行规定以外的宣传品（可使用的宣传品有：标准规格的海报、银联标志、VISA 和 MasterCard 标志等）。

（6）银行大堂自助设施摆放要求同行同式，但由于是在公共地点展示银行形象的重要接触点，应在正面和侧面设置营销宣传海报。

（7）网点如不能设置独立的自助服务区，则自助设施的设置应优先于柜台进入客户视线，便于将客户分流至自助渠道；穿墙式自助设施的设置应根据房屋结构和安防要求设置于方便客户使用且可避免阳光直射处。

4．特殊设施物品的摆放

特殊设施物品的摆放要求如下：

（1）营业时间牌悬挂于营业厅入口左侧墙体上或落地固定于营业厅入口左侧的地面上。

（2）网点防撞条、自动门、推拉门标志应按规格制作，粘贴于网点入口及外立面玻璃处。

（3）网点金融许可证、营业执照、荣誉称号等悬挂于现金服务区内现金柜台左侧的墙面上，顶端距地面约 2 米，横向位置为墙面或柱面的中部，在客户视线范围内；边框使用银灰色铝合金或 PVC 材料。

（4）不设中央空调的网点，可在各功能区单设空调或吸顶式空调，单设空调应靠墙设置在不显著处（一般为各区域的两侧），相应管线使用白色材料包扎，避免破坏营业厅整体装修效果。一楼营业厅空调室外主机严禁放置在营业大厅正面客户视觉范围内。

（5）网点柜台外部设置的监控探头应尽量选择体积小巧、较美观的半球摄像机。

工具

摄 像 机

摄像机（见图 1-11）是银行按照相关要求必须安装的监控设备，一般有针孔型、半球型、红外感应型、高清型等。应根据具体情况进行安装，半球型适用于对外的全景，高清型适用于对内柜台，自助设备则使用针孔型和红外感应型等。

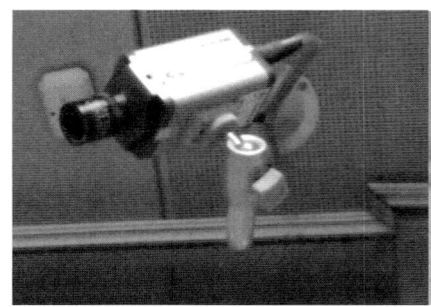

图 1-11　摄像机

（智慧柜员机）　　　（银行服务环境具体评价标准）

 角色扮演

> 同学们，现在让我们一起"过五关斩六将"，完成银行大堂设施物品的摆放吧！

【实训目标】模拟进行北京商贸银行大堂设施物品的摆放。

【实训要求】

1. 银行大堂经理计时摆放大堂设施及物品。
2. 监督员按职业规范标准检查设施及物品的摆放。
3. 银行大堂经理根据客户需求进行设施物品使用的指导。
4. 以上任务均以小组形式呈现,组内进行角色轮换,力求专业、规范。

【实训内容】

1. 组建任务小组,选出一名组长,由组长根据每人特点及学习情况,确定组员任务和分工,合理安排。
2. 人员安排:一名学生担任银行大堂经理,其他学生担任监督员与客户。

【实训过程】

【实训评价】

根据评价要素,将小组对个人的评分及说明填写在表1-8中。

表1-8 评价表

评价项目	评价要素	分值	评分及文字评价
设施准备内容	营业前设施准备具体内容是否清楚	15分	
	工具使用是否规范	10分	
服务区设施物品准备	客户咨询引导区设施物品摆放是否合理、规范	20分	
	客户等候区设施物品摆放是否合理、规范	20分	

续表

评价项目	评价要素	分值	评分及文字评价
服务区设施物品准备	自助服务区设施物品摆放是否合理、规范	20分	
	特殊设施物品摆放是否合理、规范	15分	
合计		100分	

 任务检测

1. 知识检测

(1) 填空题

① 银行营业前设施准备的内容有_____、_____、_____、_____、_____、_____。

② 银行网点服务区主要包括_____、_____、_____、_____、_____、_____区域。

③ 自助服务区设施排列顺序自左至右依次为_____、_____、_____、_____、_____。

(2) 简答题

① 当有上级部门检查时银行大堂服务人员应如何应对?

② 通过学习,你了解的银行大堂经理工作所需要的基本能力有哪些?这些基本能力要求中你具备哪些?

③ 客户咨询引导区物品摆放的标准是什么？

2. 牛刀小试

【资料】 提前开门迎客户。

8月1日，北京商贸银行第一天卖国债，7点钟刚过，银行大堂经理张莉所在的营业部外就排起了长队。张莉带领2名银行工作人员早早地来到行里，从7:00起就开始在门口发号牌，为避免开门后客户在大厅排队造成拥挤，7:30就打开了银行大门，将客户迎进了清凉的营业大厅。

银行大堂经理张莉提前让客户填好单子，并为客户复印好身份证。由于银行工作人员提前做了许多准备工作并临时增加了柜台窗口，所以在8:30营业开始后，柜员们办理业务的速度很快，客户坐在沙发上，悠然自得地等待叫号，秩序井然。时间不长，50多名客户都买到了国债。

【要求】 结合上述事例回答以下问题。

（1）遇到特殊情况如何做好提前开门迎客户的各项工作？

（2）特殊情况时银行大堂的安全检查及环境卫生是否可以马马虎虎不做了，说说这样做的原因及风险。

（3）银行大堂设备是否可以因客户多且过于繁忙就不及时处理？

_____

_____

_____

3．课外调查

（1）目的：提高学生的沟通能力和观察能力。

（2）要求：到学校、住家附近的 1～2 家银行大堂观察、询问自助设备的使用。

（3）课业上交：拍照或画图，并配以文字，描述出至少 3 种自助设备的使用。

项目二
营业前人员准备

知识目标

熟知银行大堂经理的工作内容和服务事项,熟悉相关工作要求及应具备的素质,掌握银行从业人员的仪容仪表要求和服务礼仪的标准;能够初步根据客户需求准确提供相应的服务,初步树立银行服务的职业意识。

任务一　仪容仪表准备

银行开门营业前，银行大堂人员要按照行业规范做好银行大堂环境的各项营业准备。

 任务导入

北京商贸银行高级银行大堂经理王明按照《中国银行业营业网点银行大堂经理服务规范》中的基本要求，穿好行服，佩戴银行大堂经理徽牌，自查仪容仪表，完成了营业前个人的仪容仪表准备工作。然后检查其他职员仪容仪表的清洁美化与着装搭配，带领银行全体职员以站姿在营业厅大门入口处，面带微笑迎接第一批客户。

仪表准备：工装、工牌、配饰。

职业意识：标准、规范。

 知识准备

随着人们对金融服务需求的不断提升，银行大堂经理越来越为人们所熟悉，并且成为银行业改善金融服务、提高服务质量的一个重要岗位。

一、人员角色定位

1. 银行大堂经理的定义及分类

1）角色意义

银行大堂经理扮演着不同的角色，既是银行优质服务的"示范人"，也是业务经办的"引导人"，同时还是金融产品的"推销员"和优质客户的"挖掘人"。

银行大堂经理不但要熟悉各类金融产品，了解相关金融政策、法规，更要具备良好的亲和力，与人沟通的能力，组织协调能力和分析问题、解决问题、随机应变等能力。银行营业网点要想有序、正常地经营，不仅需要有良好的营业环境作为硬件保证，更需要有良好的人员服务作为软件保证。在日常营业中，银行大堂经理要学会运用各种专业技能和专业知识为客户提供最佳的服务。银行大堂经理是专职识别引导客户、为客户提供业务咨询和业务指导服务的人员，是客户进入银行营业网点时最先接触到、办完业务最后离开银行送走客户的人员，代表着银行给客户的第一印象，也代表银行留给客户的最后印象。该岗位代表银行形象，因此银行大堂经理要做好服务，不仅要掌握规范的大堂迎送礼仪，还要熟悉银行的内外环境标准，才能成为银行业改善金融服务、提高服务质量的重要代表。

2）重要作用

银行大堂经理的重要作用主要表现在建立和维护客户关系上，如接待引导客户、解答客户咨询、了解客户特殊需求、挖掘目标客户、留意客户交易习惯、满足重点客户特殊需求、处理客户意见，以及为客户办理离柜业务等。

3）分类及配置标准

银行大堂经理一般分为高级、初级两种，按照银行营业网点的规模进行配置，一般为1~3名银行大堂经理，分别负责普通客户、贵宾客户。

2. 银行大堂经理的工作内容

（1）协助管理和督导银行事务，纠正违反规范化服务标准的现象。

（2）收集金融市场及客户信息，挖掘重点客户资源，与重点客户建立并保持长期、稳定的关系。

（3）迎送客户，询问客户需求，解答客户问题，处理客户意见，化解矛盾，减少客户投诉。

（4）推介银行金融产品，为客户提出合理的理财建议。

（5）保持银行营业网点的卫生环境，维护营业秩序，及时发现并报告异常情况。

（6）维护银行和客户的资金及人身安全。

（7）记录工作日志和客户资源信息簿（重点客户情况等），安排客户分流。

3. 银行大堂经理的服务事项

1）分流引导服务

银行大堂经理引导客户到相应的柜台办理业务，不仅可以提高银行柜员的工作效率，还提升了银行的整体形象。分流引导服务流程图如图2-1所示。

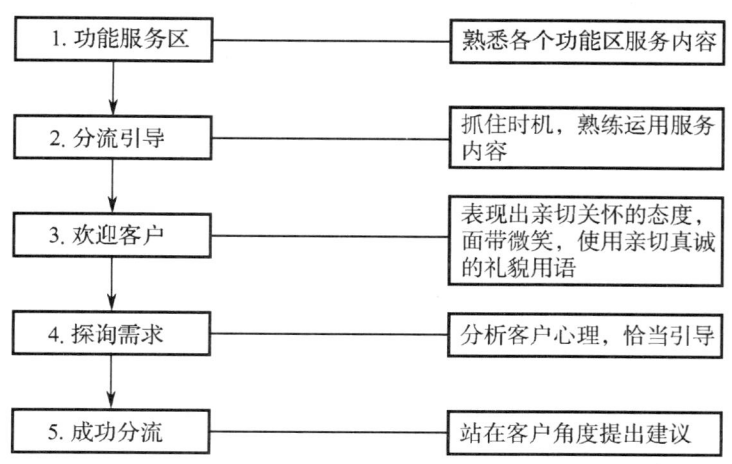

图 2-1 分流引导服务流程图

为提高客户办理业务的效率，如存款、取款、转账、缴水电费等金额不大的业务都可以在银行大堂经理的指导下通过相关设备来完成，从而避免客户排队等候的时间；有些业务需要在办理之前填写一些表格，提前做好准备，这样可以节省时间；取号前可以根据个人业务和公司业务入口的不同，在银行大堂经理的指导下正确选择服务柜台，减少等候时间。

客户的分流引导是银行大堂经理做好客户服务工作的前奏，而咨询服务则对银行大堂经理的专业知识和技能水平提出了更高的要求。

2）咨询服务

咨询服务是指银行大堂经理必须明确营业环境管理的各项工作及其流程，对营业网点服务区域的划分、产品的功能特征（产品卖点、产品价格、同业产品比较、产品风险点提示等）、业务办理流程及营业环境管理等有着充分的了解，熟练掌握金融产品选取的方法并灵活运用，接受客户询问，解答客户疑问，了解客户的相关信息及服务需求，推介银行的优势业务和正在销售的新产品，为客户提供规范、合理、优质的服务，提高营业网点的整体服务效率。

银行大堂经理的咨询服务内容主要有：日常业务办理咨询、金融产品销售咨询及服务价格咨询等。银行大堂经理工作时要留心观察大厅，不遗漏、不轻视、不怠慢每一位客户，对客户提出的问题要认真倾听、准确判断、正确应答，与客户建立良好的关系。

3）营销服务

银行大堂经理作为银行大堂的工作人员，营销能力是必备能力之一，由于工作岗位的要求，他们会在第一时间接触到有各种需求的客户，对金融产品了解得越多，其向客户营销的成功率就越高。

4）沟通服务

沟通服务是各行各业的关键，作为窗口服务业的银行大堂经理，如果能够很好地控制自己的言谈举止，与客户进行良好的沟通，就可以在较短的时间内取得客户的信任，提高服务效率。

4．银行大堂经理的沟通协作服务内容

（1）针对特殊客户群体，如老年人、残疾人、病人等业务办理的特殊需求，为他们提供有针对性的服务。

（2）针对特殊业务，如挂失业务、办理存款证明、银行卡吞没等业务办理流程，为客户提供合规、热情周到的服务。

（3）充分发挥团队协作精神，利用网点资源为客户提供超值服务。做好内部协调服务对于提高银行服务效率至关重要，银行大堂经理的服务工作并不是孤军奋战，是一个团队协作的服务过程，这就要求银行大堂经理要在日常工作中学会处理好与每个团队成员的关系，具备一定的内部协调能力，充分利用网点所有资源为客户营造一个良好的服务环境，为客户服务工作提供有力保障。

温馨提示

银行大堂经理工作任务重点——"四心二意"

- 热心：热心协助管理和督导银行事务，纠正违反规范化服务标准的现象。
- 耐心：耐心解答客户问题，处理客户意见，化解矛盾，减少客户投诉。
- 责任心：保持卫生环境，维持营业秩序，及时报告异常情况，增强维护银行和客户资金及人身安全的责任心。
- 恒心：坚持长期记载工作日志和客户资源信息簿的习惯，安排工作人员有针对性地对重点客户开展工作。

> 挖掘意识：收集市场、客户信息，挖掘重点客户资源，与重点客户建立长期、稳定的关系；银行大堂经理在与客户进行交流之后，应能为客户提出有益的建议。
> 创新意识：推介银行金融产品，提供理财建议。

优秀银行大堂经理应具备的素质

* 爱岗敬业业务熟　　　　* 热情高涨亲和好
* 文化修养内涵好　　　　* 知识丰富能力强
* 客户柜员关系密　　　　* 处理应急效率高
* 内外调节解矛盾　　　　* 不急不躁处理好
* 文明沟通形象好　　　　* 理解客户素质高

二、人员仪容准备

银行大堂经理以良好的自身形象、高度的责任心、文明的言谈举止、丰富的金融知识，做到眼勤、口勤、手勤、脚勤，穿梭服务于客户之间，确保客户在银行网点顺心、舒心、开心地享受各项金融服务，同时也充分展现了银行良好的社会形象，是银行各网点名副其实的形象大使。

仪容仪表是个人涵养的外在表现。仪容是服务的重要组成部分，主要指人的容貌，由发式、面容及人体所有未被服饰遮掩的肌肤（如手部、颈部）等内容构成。仪表是一种无声的语言，是指人的外表，包括身材、容貌、风度、姿态、服饰等，显示一个人的个性、身份、素养及其心理状态。银行大堂服务人员在做营业前的工作准备时，不但要注重自己的仪容仪表，而且要有基本的修养。

银行大堂服务人员在上岗前应按照职业的规范礼仪训练，掌握个人仪容规范。仪容的规范要求如表 2-1 所示。

表 2-1　仪容的规范要求

内　容	男　士	女　士
头部	头发清洁无异味、无油腻感，无头皮屑，且梳理整齐；不染夸张颜色，不光头，不留长发，以前不掩额、侧不盖耳、后不触衣领为宜	头发清洁无异味、无油腻感，无头皮屑，不染发，且梳理整齐；长发需挽起并用统一的头饰固定在脑后；短发要合拢在耳后

续表

内　　容	男　士	女　士
面部	忌留胡须、大鬓角，养成每天修面剃须的良好习惯；面部保持清洁，眼角不可留有分泌物；若戴眼镜，应保持镜片清洁；保持鼻孔清洁，平视时鼻毛不得露于鼻孔外	面部保持清洁，眼角不可留有分泌物，女性不画眼影，不用人造睫毛；保持鼻孔清洁；工作时要化淡妆，以淡雅、清新、自然为宜
口唇	保持口腔清洁无异味，不饮酒或含酒精的饮料；嘴角无泡沫，工作时不嚼口香糖等食物	保持口腔清洁无异味，不饮酒或含酒精的饮料；嘴角无泡沫，工作时不嚼口香糖等食物；以红色口红为主，不涂深色或过于艳丽的口红
耳部	耳廓、耳根后及耳孔边应每日清洗，不可留有皮屑及污垢	耳廓、耳根后及耳孔边应每日清洗，不可留有皮屑及污垢
手部	保持手部清洁，养成勤洗手、勤剪指甲的良好习惯，指甲不得长于1毫米	保持手部的清洁，指甲不得长于2毫米，可适当涂无色指甲油

三、人员仪表准备

莎士比亚说："一个人的穿着打扮就是他的教养、品位、地位的最真实写照。"一个人的仪表最直接的表现就是他的穿着是否得体，得体的服装不仅可以给人留下良好的印象，还可以提高与人交往的能力。任何人任何场合着装的最基本原则就是要保持服装的清洁。

1. 男士着装的规范要求（见表2-2）

表2-2　男士着装的规范要求

内　　容	规　范　要　求
西装（套装）	（1）着统一制服，干净平整，无污渍、无破损；整洁笔挺，背部无头发和头屑。 （2）不打皱，不过分华丽；与衬衣、领带和西裤匹配；与人谈话或打招呼时，将第一个纽扣扣上。 （3）上口袋不要插笔，所有口袋不要因放置钱包、名片、香烟、打火机等物品而鼓起来。 （4）西裤裤脚长度以穿鞋后距地面1厘米为宜
衬衫	着长袖衬衫，衬衫袖口须扣上，长度应超出西装袖口1厘米为宜；衬衫下摆掖在裤内
领带	（1）领带应紧贴衬衫领口正中，长度以在皮带扣上下缘之间为宜。 （2）领带夹夹在衬衫的第四和第五粒扣子之间
工号牌	在营业厅内须佩戴工号牌，别针式工号牌要端正地别在左胸前，挂牌式工号牌要正面朝外
袜子	（1）着深色薄棉袜，如黑色、深蓝、深灰色袜等。袜口应适当高些，应以坐下跷起腿后不露出皮肤为准。 （2）鞋袜搭配得当，系好鞋带。 （3）袜子干净无异味，不要褪落和脱丝

续表

内　容	着　装　要　求
鞋子	(1) 着黑色牛皮皮鞋，系带，光亮无尘。 (2) 不宜钉铁掌，鞋跟不宜过高、过厚和怪异
饰物	(1) 手腕部除手表外不得戴有其他装饰物，手指不能佩戴造型奇异的戒指，戒指的佩戴数量不超过一枚。 (2) 皮带高于肚脐，松紧适度，不要选用怪异的皮带头

2. 女士着装的规范要求（见表2-3）

表2-3　女士着装的规范要求

内　容	规　范　要　求
西装（套装）	着统一制服、领花（丝巾），夹带干净，无污渍、无破损；服装整洁无皱
衬衫	衬衫袖口须扣上，衬衫下摆须掖在裙内或裤内
领花	领花应紧贴衬衫领口正中，应扎网点统一的丝巾，相同岗位员工丝巾的扎法应相同
工号牌	在营业厅内须佩戴工号牌，别针式工号牌要端正地别在左胸前，挂牌式工号牌要正面朝外
袜子	着裙装时，不穿挑丝、有洞或补过的袜子，颜色以肤色为宜；女性穿肉色短袜或长筒袜，忌光脚穿鞋
鞋子	(1) 着船式黑色中跟皮鞋，光亮无尘。 (2) 不得着露趾鞋或休闲鞋；不得将鞋拖在脚上
饰物	(1) 饰物佩戴要求款式简洁大方，色彩淡雅。 (2) 佩戴耳钉以素色耳针为主，数量不超过一对。 (3) 手腕部除手表外不佩戴其他饰物。 (4) 手指不能佩戴造型奇异的戒指，戒指的佩戴数量不超过一枚。 (5) 胸卡、徽章佩带端正，不要佩带与工作无关的胸饰。 (6) 胸部不宜袒露

（银行大堂人员着装要求）

> 温馨提示
>
> ### 女士服饰不宜
>
> ➢ 在正常情况下，工作时间不应该穿短裙、超短外套，不可暴露大腿。
>
> ➢ 上衣过腰胯，裙子过膝盖。

> 女士西服套装一般以冷色调为主，如藏青色、灰色、黑色、灰褐色、暗红色等。

太鲜艳的颜色过于抢眼，不利于与他人对话，影响工作环境的严肃性。

> 衬衣的颜色可以有多样选择，面料以丝绸和全棉为宜。
> 一般情况下，女性着装最好选穿同一个色系，不宜色彩过多，有失端庄稳重。

职业规范

银行大堂经理的岗位职责如表 2-4 所示。

表 2-4 银行大堂经理的岗位职责

序 号	岗位职责	说 明
1	服务管理	严格按照规定，协助网点负责人对本网点的优质服务情况进行管理和督导，及时纠正违反规范化服务标准的现象
2	迎送客户	热情、文明地对进出网点的客户迎来送往，客户进门时，银行大堂经理应主动迎接客户，询问客户需求，对客户进行相应的业务引导
3	业务咨询	热情、诚恳、耐心、准确地解答客户的业务咨询
4	差别服务	识别高、低端客户，为优质客户提供贵宾服务，为一般客户提供基础服务
5	产品推介	根据客户需求，主动客观地向客户推介、营销银行先进、方便、快捷的金融产品和交易方式、方法，为其当好理财参谋
6	低柜服务	有条件的营业网点依据个人客户提供的有关证明资料，办理个人客户的冻结、解冻和挂失、解挂等非现金业务
7	收集信息	利用银行大堂服务阵地，广泛收集市场信息和客户信息，充分挖掘重点客户资源，记录重点客户服务信息，用适当的方式与重点客户建立长期稳定的关系
8	调解争议	快速妥善地处理客户提出的批评性意见，避免客户与柜员发生直接争执，化解矛盾，减少客户投诉；对客户意见和有效投诉的处理结果在规定时间内及时回复
9	维持秩序	保持整洁的卫生环境；负责对网点的标识、利率牌、宣传牌、告示牌、机具、意见簿、宣传资料、便民设施等整齐摆放和维护；维持正常的营业秩序，提醒客户遵守"一米线"，根据柜面客户排队现象，及时进行疏导，减少客户等候时间；密切关注营业场所动态，发现异常情况及时报告，维护银行和客户的资金及人身安全
10	工作要求	银行大堂经理必须站立接待客户（洽谈业务时可坐下），做到眼勤、口勤、手勤、腿勤，穿梭服务于客户之间；要记载好工作日志（履行基本职责情况）和客户资源信息簿（重点客户情况）；因故请假，各行应安排称职人员顶替，不得空岗

续表

序　号	岗位职责	说　明
11	定期报告	定期归纳分析市场信息、客户信息、客户需求及客户对本网点产品营销、优质服务等方面的意见，提出改进的建议，以书面形式每月向主管行长和网点负责人报告一次（遇重大问题随时报告）。对银行大堂经理反映的问题，行领导和网点负责人应及时研究，并采取有针对性的措施加以解决

角色扮演

> 同学们，现在让我们一起"过五关斩六将"，完成银行服务人员仪容仪表的准备工作吧！

【实训目标】模拟布置北京商贸银行大堂环境。

【实训要求】

1．按照《中国银行业营业网点银行大堂经理服务规范》，请你以银行大堂服务人员标准，检查自己在营业前仪容仪表是否规范，具体要求如表 2-1～表 2-3 所示。按职业规范标准检查是否合格。

2．以上活动均以小组形式呈现，力求专业、规范。

【实训内容】

1．组建小组，每 4～5 人为一组，选出一名组长，由组长确定组员任务和工作进度的安排，分小组开展活动，认真观察思考后填写实训过程。

2．实地观察你家附近 2～3 家银行大堂经理的仪容仪表情况。要求：尽可能拍照、拍视频，如不允许，可在室外拍照后，做好笔记，分析发现的问题，提出改进的措施。

【实训过程】

【实训评价】

根据评价要素，将小组对个人的评分及文字评价填写在表 2-5 中。

表 2-5 评价表

项 目	评价要素	评 价 标 准	分 值	评分及文字评价
仪容规范	头部	梳理整齐无头屑，长短适中合规范	5 分	
	面部	面部洁净，淡妆自然	10 分	
	口腔	无异味，工作时不嚼口香糖，口红颜色适中	5 分	
	耳部	日日清洗无皮屑	5 分	
	手部	保持清洁不留长甲、不涂色	5 分	
仪表要求	西服	制服统一，整洁笔挺无污渍	10 分	
	衬衫	长袖衬衫下摆掖在裤内	10 分	
	领带	领带、领花紧贴衬衫在正中，丝巾扎法应统一	10 分	
	工牌	营业厅内须佩戴，位置统一面朝外	10 分	
	袜子	深色薄棉无异味，鞋袜搭配得当、无脱丝	10 分	
	鞋子	黑色皮鞋光亮无尘，鞋跟适宜、样式不怪异	10 分	
	饰物	腕部仅戴手表，无他物，可戴戒指一枚，样式不怪异	10 分	
合 计			100 分	

任务检测

1. 知识检测

（1）单项选择题

① 人的仪表仪容不包括（　　）。

A. 容貌　　　　　B. 饰物　　　　　C. 个人卫生　　　　　D. 说话语气

② 银行大堂服务人员的仪表应该是（　　）。

A．想怎么穿就怎么穿　　　　　　B．穿有个性的衣服

C．光脚不穿袜子　　　　　　　　D．符合职业规范

③ 讲究礼仪应该是（　　）。

A．既注重品格修养，又注重一言一行

B．"穿衣戴帽各有所好"，不必考虑别人怎样评价

C．有人很会利用彬彬有礼来博得别人好感，其实他的人品很差，所以我不学那种人做表面文章，那样做太庸俗

D．我不喜欢的人，怎么能违心地去跟他交往，所以干脆不理他

（2）填空题

① 任何人、任何场合着装的最基本原则是_____。

② 银行大堂经理扮演着不同的角色，既是银行优质服务的_____人，也是业务经办的_____人，同时还是金融产品的_____和优质客户的_____人。

③ 银行大堂经理的服务事项主要包括_____服务、_____服务、_____服务、_____服务。

④ 银行大堂经理工作任务中的"四心二意"是指_____、_____、责任心、_____、_____意识、_____意识。

⑤ 银行大堂经理的岗位职责包括服务管理、_____、业务咨询、_____、_____、低柜服务、_____、调解争议、_____、工作要求、_____。

（3）简答题

① 对在银行大堂工作的女士手部与饰物有哪些规范要求？

_____

_____

_____

② 对在银行大堂工作的男士面部有什么规范要求？对男士胡子有什么规范要求？

_____

_____

_____

③ 简述银行大堂经理工作的主要内容。

_____

_____

_____

_____

_____

_____

_____

（4）讨论题

银行大堂经理张莉在自查后，检查实习员工的仪容仪表，但有人总是想标新立异，在不违反大原则的情况下，在仪容仪表上做小改动。

要求以小组为单位讨论：银行服务中是否可以提供个性化服务？个性化服务是否可以用带有个性化的仪容仪表来体现呢？

_____

_____

_____

_____

_____

_____

_____

_____

2．牛刀小试

【场景描述 1】

新来的实习男生身高 1.70 米，体重 65 千克，由于断号，买了一套略显肥大的西装，上衣是一件黑色暗白细条纹的西服，裤子是纯黑色西裤。

第一天来到银行大堂实习，他搭配了一件粉色衬衫，带了一条蓝色的易拉得领带，由于领带太长，系好后"大箭头"垂到了皮带扣下面。皮带扣是一个他引以为傲的玉质的龙图案。裤子有点肥就系了一条棕色腰带。

【场景描述2】

女生李莎来到银行参加顶岗实习，按规定穿了一条黑色西服裙，由于天气热，穿了一双粉色到膝盖的中筒丝袜，中午不小心在服务台附近剐了一下脱了丝，令她心痛不已。由于父母心疼怕她第一天实习吃不消，给她买了一双粉色的平跟皮鞋。

【要求】

（1）以小组为单位讨论：上述场景中的两名实习生仪容仪表有哪些符合规范？哪些不符合规范？

（2）以小组为单位模拟上述场景中的仪容仪表，发现存在哪些错误，监督改正仪容仪表，规范职业要求。

【操作记录】

_____
_____
_____
_____
_____
_____
_____

3. 技能训练

为提高个人业务接待能力，请以小组为单位对着镜子训练、检查仪容仪表，直到符合职业规范要求为止。

任务二　服务礼仪准备

银行每天营业前，银行大堂经理岗位的人员除了仪容仪表要符合规范，还要按照行业标准做好相应的服务礼仪准备。

任务导入

北京商贸银行大堂经理张莉按照《中国银行业营业网点银行大堂经理服务规范》中的基本要求，进行了营业前个人服务礼仪的准备工作，穿好行服，精神饱满、面带微笑，以标准的服务礼仪在营业厅大门入口处准备迎接第一批客户。

仪表准备：工装、工牌、配饰。

职业意识：规范、文明。

知识准备

体态（形体姿态），是指人的行为动作和表情，日常生活中的站、坐、走的姿态，一举手一投足，都可以称为形体姿态。举止是一种不说话的"语言"，能在很大程度上反映一个人的素质、受教育的程度及能够被别人信任的程度。银行大堂服务人员的工作场所是在银行大堂，工作性质决定了其表情和举止会影响到客户的心态和情绪。根据服务礼仪要求，银行大堂服务人员必须以整洁、文明的服务礼仪使自己的形象符合银行的工作要求。

一、形体姿态

形体姿态是服务礼仪的重要内容。姿态美是一种极富魅力和感染力的美，它能使人在动静之中展现出气质、修养、品格和内在的美。从某种意义上说，一个人的各种姿态更引人注目，形象效应更为显著。姿态举止往往胜于言语而真实地表现人的情操。端正优雅的姿态，从行为上展示着一个人内在的持重、聪慧与活力，增加与客户接触的亲和力，可谓"此时无声胜有声"。

1. 标准站姿

银行大堂服务人员在上岗前要按照职业的规范礼仪训练站姿，站姿是人们工作、生活中最基本、最重要的姿态。站姿标准图如图 2-2 所示，站姿具体要求如表 2-6 所示。

图 2-2 站姿标准图

表 2-6 站姿具体要求

内容	动作要求	姿态要求
站姿	（1）双眼平视前方，下颌微微内收，颈部挺直。 （2）双肩自然放松端平且收腹挺胸，但不显僵硬。 （3）双臂自然下垂于身体两侧，男士右手轻握左手的腕部，左手握拳，放在小腹前，或者置于身后；女士双手自然叠放于小腹前，右手叠加在左手上；保安不论男女都应采取双手背后的姿势站立。 （4）脚跟并排，脚呈"V"字形分开，两脚尖间距约一个拳头的宽度；男士可双脚平行分开，略窄于肩；女士可两腿并拢，两脚呈"丁"字形站立	（1）不叉腰，不抱胸，不倚不靠。 （2）服务人员在站立时间较长的情况下，为缓解疲劳可以采用一些变化的站姿，但在变化中力求姿态端正，勿给人以懒散的感觉。 具体要求：可将身体的重心向左或向右腿转移，让另一条腿放松休息。但如有客户走近，应立即恢复标准站姿

站姿训练要诀

* 站姿训练方法：对镜、贴墙练、背靠背、头顶书。
* 训练时面朝前，眼平视，立如松。
* 小腿臀部脚后跟，还有双肩后脑勺，看看是否呈一条线。
* 一次练习 10 分钟。

2. 标准坐姿

银行大堂服务人员在上岗前要按照职业规范礼仪训练坐姿，正确的坐姿可以给人以稳重大方的印象，坐姿标准图如图 2-3 所示，不规范的坐姿如图 2-4 所示，坐姿具体要求如表 2-7 所示。

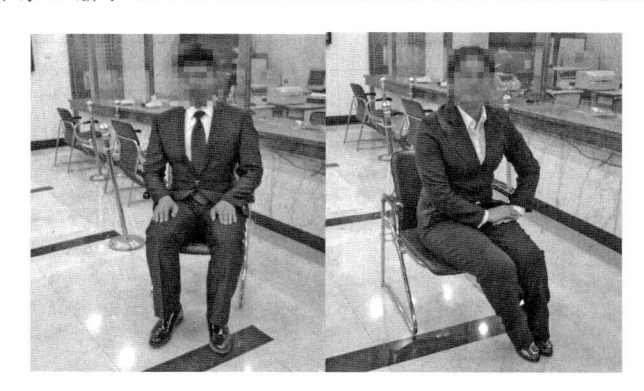

图 2-3　坐姿标准图

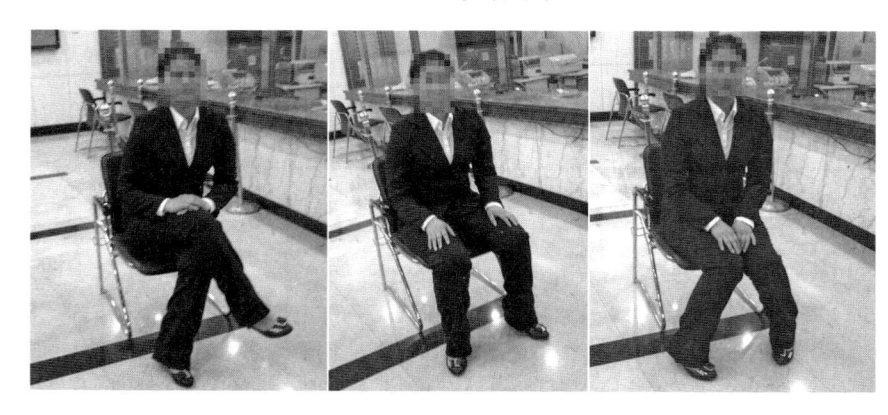

图 2-4　不规范的坐姿

表 2-7　坐姿具体要求

动 作 要 求	入 座 要 求	离 座 要 求	坐 姿 禁 忌
（1）头部挺直，双目平视，下颌内收。 （2）身体端正，两肩放松，勿倚靠座椅的背部。 （3）挺胸收腹，上身微微前倾，坐满椅面 2/3 左右。 （4）男士双手自然放在双膝或椅子扶手上，女士双手自然交叠，放在腿上或椅子扶手上。 （5）若面前有桌子，可双手自然交叠将手腕至肘部的 2/3 处轻放在桌面上。 （6）男士双腿可并排，也可分开，但分开间距不得超过肩宽；女士双腿靠紧并垂直于地面，也可将双腿稍稍斜侧调整姿势	（1）入座无声，要轻、稳、缓，走到座位前，转身后轻稳地坐下，避免座椅乱响，噪声扰人。入座时双脚与肩同宽并行。 （2）男士同时注意左手轻按领带，勿使其翘起或搭于桌面；女士在入座时应右手轻按住衣服前角，左手抚平后裙摆，缓缓坐下。 （3）正式场合一般从椅子的左边入座，离座时也要从椅子左边离开。如果椅子位置不合适，需要挪动椅子位置时应当先把椅子移至欲就座处，然后入座	（1）离座时，身旁如有人在座，须以语言或动作向其先示意，随后方可站起身来。 （2）起身离座时，动作轻缓，无声无息。 （3）离开座椅后，右脚向后收半步，而后站起。要先站定，方可离去	（1）不前仰后靠，不左摇右晃，不趴在工作台上休息。 （2）切忌坐在椅子上转动或移动椅子的位置。 （3）禁止跷二郎腿、双腿习惯性抖动或手上摆弄东西等不良习惯动作。 （4）尽量不要叠腿，更不要采用"4"字形的叠腿方式或用双手扣住膝盖的方式就座。 （5）在座椅上，切忌双腿大幅度叉开，或者将双腿伸得老远，不得将脚藏在座椅下或用脚勾住椅子腿

温馨提示

与分类无关，始终坚持客户至上

- 坐在椅子上，应至少坐满椅子的 2/3，宽座沙发则至少坐满 1/2。
- 落座后至少 10 分钟内不要靠椅背，时间久了可轻靠椅背。
- 谈话时应根据交谈者方位，将上体双膝侧转向交谈者，上身仍保持挺直，不要出现自卑、恭维、讨好的姿态，讲究礼仪要尊重别人但不能失去自尊。

3. 标准走姿

银行大堂服务人员在上岗前要按照职业规范礼仪训练走姿，无论是在日常生活中还是在工作中，走姿是最能表现一个人的风度和活力的，走姿标准图如图 2-5 所示，走姿具体要求如表 2-8 所示。

表 2-8　走姿具体要求

动作要求	姿态要求	行进指引	禁　　忌
（1）方向明确。 （2）身体协调，姿势稳健，挺胸抬头，目视前方。 （3）双臂以身体为轴，前后以 30°或 35°自然摆动。 （4）步伐从容，步态平衡，步速均匀，步幅适中。 　行走时，假设下方有一条直线，男士两脚跟交替踩在直线上，脚跟先着地，然后迅速过渡到前脚掌，脚尖略向外，距离直线约 5 厘米。女式则应走一字步，即两腿交替迈步，两脚交替踏在直线上（一字步走姿）	（1）双目向前平视，微收下颌，面容平和自然，上身自然挺拔，双肩平稳，肩峰稍后张，大臂带动小臂自然前后摆动，肩勿摇晃；前摆时，手不要超过衣扣垂直线，肘关节微屈约 30°，掌心向内，勿甩小臂，后摆时勿甩手腕。 （2）注意步位，步幅适当。男性步幅（前后脚之间的距离）约 25 厘米，女性步幅约 20 厘米。若女士穿裙装时步幅应小些，穿长裤时步幅可大些。 （3）注意步态。男性步伐矫健、稳重、刚毅、洒脱、豪迈，具有阳刚之美，步伐频率每分钟约 100 步；女性步伐轻盈、玲珑、贤淑，具有阴柔秀雅之美，步伐频率每分钟约 90 步。 （4）注意步韵。跨出的步子应是全部脚掌着地，膝和脚腕不可过于僵直，应该富有弹性，膝盖要尽量绷直，双臂应自然轻松摆动，使步伐因有韵律节奏感而显优美柔韧	（1）请客户开始行进时，应面向客户稍许欠身。 （2）若双方并排行进时，服务人员应居于左侧。 （3）若双方单行行进时，服务人员应居于前方 1 米左右的位置。 （4）在陪同引导客户时，服务人员行进的速度须与客户相协调。 （5）陪同客户经过拐角或楼梯之处，须及时关照提醒客户留意。 （6）在行进中与客户交谈或答复其提问时，应将头部和上身转向客户	（1）不左顾右盼，不回头张望，不盯住行人乱打量。 （2）不把笔记本等物品挟在腋下行走。 （3）不在营业厅内慌忙奔跑、大声喧哗和追逐嬉闹

> **优美走姿训练要诀**
>
> * 走姿训练最重要。
> * 对镜子，练摆臂。
> * 划直线，练步幅。
> * 头顶书，练稳定。
> * 配乐走，练协调。

4．标准蹲姿

银行大堂服务人员在上岗前还要按照职业规范礼仪训练蹲姿，身为服务人员不能随意弯腰捡起掉在地上的物品，蹲姿标准图如图 2-6 所示。

图 2-5　走姿标准图　　　　　　图 2-6　蹲姿标准图

蹲姿的动作与姿势要求：在拾取低处的物件时，应保持大方、端庄的蹲姿。一脚在前，一脚在后，两腿向下蹲，前脚全着地，小腿基本垂直于地面，后脚跟提起，脚掌着地，臀部向下，应使头、胸、膝关节处在一个角度上。

5．标准手势

银行大堂服务人员在上岗前还要按照职业规范礼仪训练服务手势，手势标准图如图 2-7 所示，手势具体要求如表 2-9 所示。

图 2-7　手势标准图

表 2-9　手势具体要求

方向指引	阅读指示	示意入座	要求与禁忌
为客户指示方向时，上身略向前倾，手臂伸直，五指自然并拢，掌心稍稍向上，目光面向客户方向以肘关节为支点指向目标方向	为客户进行阅读指示时，五指并拢，指向阅读内容，面带微笑，同客户有目光交流，并有语言配合	示意客户入座时，四指并拢，拇指微微张开，掌心微微向上，指向座椅，面带微笑，目光注视客户，并配有热情亲切的语言请客户入座	打招呼、致意、告别、欢呼、鼓掌属于手势范围，应当注意其力度大小、速度的快慢、时间的长短。 在任何情况下都不要用大拇指指自己的鼻尖和用手指指点他人。谈到自己时应用手掌轻按自己的左胸，那样会显得端庄、大方、可信。用手指指点他人的手势是不礼貌的

（银行服务礼仪）

二、表情神态

表情是人内心的情感在面部、声音或身体姿态上的表现。向客户提供满意的服务就要注重服务过程中的每一个细节。表情神态是服务客户很重要的一个方面，合理地运用微笑和眼神，会使客户心情愉快，在友好的气氛中和客户进行交流。营业人员上岗时必须保持良好的精神状态，给客户以亲切、轻松愉快的感觉。

银行大堂服务人员在营业前要按照职业规范礼仪来规范个人的表情神态，如表 2-10 所示。

表 2-10　表情神态规范要求

表　　情	微　　笑	眼　　神
神态真诚、热情而不过分亲昵，表情亲切、自然而不紧张拘谨，眼神专注大方而不四处游移	（1）微笑是服务人员在工作岗位上的一种标准表情，应是发自内心的笑，笑得真诚、适度、合时宜，表达出友善、诚信、和蔼、融洽等美好的情感。 （2）先放松自己的面部肌肉，然后使自己的嘴角两端平均地、微微向上翘起，让嘴唇略呈弧形。 （3）微笑时，应当目光柔和，双眼略微睁大；眉头自然舒展，眉毛微微向上扬起	（1）注视客户的双眼，表示出对客户的关注，以及对客户所讲的话正在洗耳恭听。与客户较长时间交谈时，以客户的整个面部为注视区域。注视客户的面部时，最好不要聚焦于一处，而以散点柔视为宜。 （2）与客户相距较远并站立服务时，一般以客户的全身为注视点。 （3）在递接物品时，应注视客户的手部。 一个良好的交际形象，目光是坦然、亲切、和蔼、有神的。特别是在与客户交谈时，目光应该是注视对方，不应该躲闪或游移不定

三、服务礼仪

银行大堂服务人员在营业前要按照职业的服务礼仪做好开门迎接客户的准备。

1. 语言礼仪

语言礼仪规范要求如表 2-11 所示。

表 2-11　语言礼仪规范要求

称　　谓	倾　　听	交　　流
称谓要得体，学会使用敬语、问候语。 对客户的称呼要符合客户的身份、地位、年龄、性别等特征。工作中习惯使用"请""您""谢谢"等文明用语，杜绝蔑视语、烦躁语、否定语和斗气语	（1）服务人员在倾听客户的要求或意见时，应当暂停其他工作，目视客户，并以眼神、笑容或点头来表示自己正在洗耳恭听。 （2）在倾听过程中，适当加入一些"嗯""对"保持回应。 （3）服务人员须注意谈话技巧，使用恰当的措辞，以提高客户的满意度，形成好的口碑，增强银行的美誉度	（1）服务语言要健康、文雅、温和、谦逊。语气要和蔼可亲，轻柔和缓但不嗲声嗲气，面对客户的误解、辱骂，要耐心解释，不恶语伤人。 （2）对需要团队合作完成的工作，使用"我们"代替"我"。遇刁钻客户及其他特殊情况，尽量用"抱歉""遗憾"等词语，不轻易说"对不起，这是我们的错。" （3）语言要明确、简练，语速、音量适中。服务语言要考虑客户的接受能力，在解答客户疑难问题时，要用简单易懂的语言，视客户对银行业务的了解情况，适量使用专业术语。语速每分钟保持 120 个字左右

文明用语指的是在银行大堂服务中蕴含着的对他人表示尊重、礼让、客气等内

容的语言表达方式。文明服务用语如表2-12所示，服务忌语如表2-13所示。

表2-12　文明服务用语

类　　别		文明服务用语实例
客户服务文明用语	迎客户时	（1）您好。（2）请；请问；请说。（3）早上好。（4）您请坐。（5）请您稍等。（6）您好，欢迎光临
	询问时	（7）很高兴为您服务。请问，您需要什么帮助？（8）有什么可以帮到您的吗？（9）这个问题由我们更专业的工作人员为您解答好吗？（10）您好，请问您需要办理什么业务
	得到客户帮助或赞扬时	（11）别客气。（12）没关系。（13）拜托您了。（14）劳驾您。（15）谢谢。（16）请多指教。（17）请您多关照。（18）请您多保重。（19）欢迎您提宝贵意见。（20）谢谢您的合作。（21）不用谢。（22）不用客气，这是我们应该做的。（23）感谢您对我们工作的支持。（24）感谢您配合我们维护公共卫生
	提示客户或客户表示不满时	（25）请您点好现金。（26）请您注意安全。（27）请您排好队。（28）请您稍等，我已经通知他了。（29）好的，您反映的问题，我们调查落实后第一时间给您答复。（30）请出示您的证件，谢谢。（31）您提的意见对我们很重要，谢谢您。（32）请您在这里签名（盖章）。（33）请您稍等，我为这位客户办完业务就为您办理
	送客户时	（34）再见，有什么问题请随时电话联系。（35）再见。（36）您走好。（37）欢迎您再来
向客户致歉文明用语		（38）不好意思。（39）很抱歉。（40）请您原谅。（41）打扰了。（42）很遗憾。（43）抱歉，让您久等了。（44）很抱歉，请您再说一遍好吗？（45）先生（女士），这里是无烟场所，谢谢合作。（46）抱歉，您找××，他现在不在，需要我为您转告吗？（47）很抱歉，您找××，他现在不在，有什么可以帮到您吗

表2-13　服务忌语

类　　别	服务忌语实例
一般服务忌语	（1）你，干啥？（2）别问我，不知道。（3）你问他去，这事我不管。（4）这边是大客户服务专用窗口，你到那边排队去。（5）你错了，这绝对不可能。（6）现在才说，刚才干什么去了。（7）你事可不少。（8）少啰唆，有完没完？（9）活该。（10）你没长耳朵？（11）你问我，我问谁！（12）看不惯的事多着呢。（13）你还是没有弄明白，这次请听好了。（14）你的事，怨谁！（15）你这人真麻烦。（16）你怎么搞的，这些都不知道。（17）手续不全，下次再来。（18）今天人不在，你不能下次来吗
业务繁忙时服务忌语	（19）越忙越添乱，真烦人。（20）急什么？等着，没看我忙着吗？（21）告诉你了还问。（22）墙上贴着呢，自己看。（23）急什么，这都忙着呢！（24）我现在没空，等会再说。（25）怎么不早准备好。（26）今天不办了。（27）快下班了，怎么不早点来
争议时服务忌语	（28）我就这态度，怎么着？（29）有意见找领导去。（30）就这么规定的，不能办（无法解决）

43

（1）问候型用语：通常有"您好""早上好""幸会""久违了"等。

（2）离别型用语：通常有"再见""失陪""告辞"等。

（3）请求型用语：在请求客户帮忙时所使用的敬语通常有"烦请""劳驾""请多关照""承蒙关照""拜托"等。

（4）道谢型用语：当自己得到客户帮助、支持、关照、尊敬、夸奖之后表达谢意时所使用的敬语，这类敬语最简洁、及时而有效的表达就是由衷地道一声"谢谢"。除此之外，属于这种类型的敬语还有"承蒙夸奖""不胜荣幸""承蒙提携"等。

（5）致歉型用语：当自己的行为对客户造成伤害或消极影响时，最平常的敬语有"对不起""请多包涵""打扰您了""给您添麻烦了""非常抱歉"等。

2．接待礼仪

接待礼仪具体要求如表 2-14 所示。

表 2-14　接待礼仪具体要求

动　作	具　体　要　求
助臂服务	下台阶或过往光滑地面时，应对老者、行动不便的人和孕妇予以助臂。助臂一般只是轻扶肘部，以左手扶客户右臂
递送资料	递送时上身略向前倾，眼睛注视客户手部，以文字正向方向递交，双手递送，轻拿轻放。如需客户签名，应把笔套打开，用右手的拇指、食指和中指轻握笔杆，笔尖朝向自己，递至客户的右手中
递送物品	在递送物品时，以双手递物为最佳；递给客户的物品，以直接交到客户手中为好。服务人员在递物于客户时，应为客户留出便于接取物品的地方。递笔、剪刀之类尖利的物品时，需将尖端朝向自己握在手中，而不要指向对方
接递名片	互换名片时，要先用双手将自己的名片递上，文字正面朝向对方，后双手接过对方名片。接过名片仔细浏览后，将其慎重地放在合适地方，不可随意乱放或拿在手中玩弄
交接款项	双手接递款项，轻拿轻放，不抛不弃
上下楼梯	上下楼梯时要靠右行。脚步轻放，速度均匀。若遇来人，应主动靠右侧让行。引领客户上下楼梯时，遵守安全原则，即上楼梯时在后，下楼梯时在前
出入房间	进房间前要先敲门，得到允许后再入内。敲门时，每隔 3～5 秒钟敲 2～3 下。进门后不要回头关门，正面朝前，反手轻轻将门关上。出房间时应面向客户，道别后，目送客户离开，礼貌地倒退两步，轻轻把门关上

3. 电话礼仪

电话礼仪具体要求如表 2-15 所示。

表 2-15 电话礼仪具体要求

接 电 话	打 电 话	具 体 要 求
（1）在电话铃响 3 声内拿起话筒，面带微笑地说："您好，××银行，请问您找谁"或"我有什么可以帮助您"。 （2）主动报出名字及问候。 （3）主动询问客户需求。 （4）礼貌结束电话	（1）用标准的礼貌头衔来称呼对方。 （2）讲话要言简意赅，尽快切入主题。 （3）电话交谈时要配合肢体动作，如微笑、点头	（1）接电话时以"喂"或"您好"开始，"喂"的声调最好为上升调，这样显示出愉悦和礼貌。 （2）如果自己按了免提要告诉对方。 （3）挂电话的时候要说"再见"，避免莫名其妙地挂断电话。 （4）一般情况是等对方挂电话后再挂电话；如果两个人都在等对方先挂电话，可以在通话结束 3 秒后就挂电话。 （5）如果是座机，请轻放电话，否则巨大的声音会让对方留下不好的印象。 （6）电话交谈也要注意语气、语调、语速，这些是可以让客户感受到的。根据不同年龄客户控制自己的语速。如果对方是很谨慎型的客户，且初次致电，尽可能使用专业话术。熟悉的客户可以多加入一些生活方面的问候。对于熟悉的客户避免用过于呆板的话术，以免造成与客户的距离感

4. 银行大堂岗位服务礼仪

银行大堂岗位服务礼仪具体要求如表 2-16 所示。

表 2-16 银行大堂岗位服务礼仪具体要求

五 声 服 务	三 姿 服 务	表 情 神 情	文 明 用 语
来有迎声 问有答声 走有送声 错有歉声 赞有谢声	站在营业大厅时，应采用标准站姿，站在可同时兼顾门口进入客户和大厅内客户情况的位置。 在营业网点巡视时，应站在客户群的斜后侧，观察现场状况，避免正面站在客户前方。执行要点是应当保持标准的站、坐、走姿	眼含笑意，露出 6~8 颗牙齿。 执行要点是"三米六齿"，有亲和力	语言表达简洁易懂，依据客户情况适量使用专业术语。 执行要点是亲切易懂

> 🔊 拓展阅读
>
> "三米六齿"是国际公认的微笑标准，是指当别人离你约 3 米远的时候，就可以看到你嘴角微微上翘，露出自然、整洁的 6 颗上齿，面容是和祥的、真诚的。

> **服务礼仪五要素速记口诀**
>
> 一"看"——领先客户一步有技巧；
> 二"听"——拉近客户关系有奥妙；
> 三"笑"——微笑服务有魅力；
> 四"说"——客户更在意专业说法；
> 五"动"——运用身体语言传达服务。

（大堂经理服务规范——行为举止规范）

角色扮演

> 同学们，让我们一起来迎接客户吧！

【实训目标】根据中国银行营业网点银行大堂经理服务规范，银行大堂服务人员在营业前站立迎接客户，并按银行礼仪标准欢迎客户光临。

【实训内容】

以小组为单位按职业规范标准进行自我训练、检查，填写实训过程。

【实训过程】

_____

_____

_____

_____

_____

【实训评价】

结合表2-17所列项目，对完成任务情况进行评分及文字评价。

表2-17 评价表

评价项目		评价要素及标准	分值	评分及文字评价
形体仪态	站姿	两眼平视前方，双肩放松，双臂下垂，脚跟并拢	5分	
	坐姿	头部挺直，挺胸收腹，双手自然放置或交叠，两腿并拢	5分	
	行姿	两眼平视，步幅适当，步态稳健	5分	
	蹲姿	两脚一前一后，两腿下蹲，前脚全着地，小腿与地面垂直，后脚跟提起，脚掌着地，臀部向下	5分	
	手势	方向明确，上身略倾，面带微笑，四指并拢	5分	
表情、神情服务、礼仪	表情	神态真诚热情，表情亲切自然	10分	
	微笑	真诚、适度、合时宜	10分	
	目光	坦然、亲切、和蔼、有神	5分	
	语言	称谓得体，措辞恰当，语言明确、简练，语速、音量适中	10分	
	接待	助臂得当，双手递送资料、物品、名片及款项。上下楼梯时靠右行；进房间前先敲门。出房间时面向客户道别，目送客户离开，礼貌倒退两步	10分	
	电话	铃响3声内接电话，主动报名与问候，询问需求，礼貌结束。打电话时称谓标准，讲话言简意赅，快入主题，配合肢体动作	10分	
	银行大堂服务	五声服务；三姿服务；表情神情"三米六齿"，有亲和力；文明用语亲切易懂	20分	
合计		100分		

任务检测

1. 知识检测

（1）单项选择题

① 正确的站姿应该是（　　　）。

A．双腿并拢或分开且不过肩宽　　　　B．探头斜肩，缩脖纵肩

C．东倒西歪，驼背凸肚　　　　　　　D．双手抱在胸前或叉腰

② 正确的坐姿不包括（　　　）。

A．穿裙装时要用手拢一下裙子，双膝要收紧

B．跷二郎腿

C．坐的时间过长时，可以更换一下坐姿

D．上身挺直，两肩自然垂下

③ 一般情况下，电话铃响（　　　）声内应立即接听电话。

A．1　　　　　　　B．3　　　　　　　C．4　　　　　　　D．8

（2）填空题

① _____是人们工作、生活中最基本、最重要的姿态，_____是最能表现一个人的风度和活力的。

② 任何情况下都不要用_____指自己的鼻尖和用手指指点他人，谈到自己时应用_____轻按自己的左胸。

③ 下台阶或_____时，应对老者、行动不便的人和孕妇予以助臂。助臂一般只是_____，以_____扶客户_____。

④ 引领客户上下楼梯时，遵守安全原则，即_____时在后，_____时在前。

（3）简答题

① 举例说明银行大堂岗位服务礼仪中的"五声服务"。

② 举例说明银行大堂岗位服务礼仪中的"三姿服务"内容。

2. 牛刀小试

【资料】

以优质服务争创银行业形象代言人

8月30日早晨8:10,某银行营业部内距离正式营业时间还有20分钟。员工往来穿梭其中,三三两两地不时低声交谈,匆匆而过,说的正是前一日工作中的事儿。保洁阿姨正在做最后的检查,确保大厅的洁净……

如同每一个营业前的日子,8:15晨会开始。银行大堂经理李莉对前一日的服务进行了讲评,"来有迎声、问有答声、走有送声、赞有谢声、错有歉声","五声服务"掷地有声。打造一流商业银行的领军者,争创银行业服务形象代言人,是营业部所有人员的共同目标。狠抓优质服务"软件",提高员工素质;着力改善服务"硬件",建设优良渠道,优化服务环境。软硬两手同抓,营业部对优质服务的重视渗入每一个细节。

"您要办理什么业务?""活期转存定期。"了解客户需求后,李莉熟练地从一堆单据中抽出了"个人业务凭证"的凭条,指导客户填单。来办业务的是一对老夫妻,对凭条的填写不熟悉,李莉一项一项地进行讲解,并拒绝了老人要她帮忙填单的要求。"我们有规定,员工不能帮助客户填写凭条。"将老人送到业务办理区后,李莉又来到了自助终端,指导客户在自助设备上办理转账业务。"银行大堂经理每天要做的,就是分流客户,帮助客户在最短的时间内办理好业务。"说话间,又有客户到来,李莉笑着迎了上去。营业部每天迎接的客户多,业务量大,大厅客流高峰时,客户量能达到2 000人次。李莉粗略算过,每天往来于大厅、贵宾室的客户之间,相当于行走20千米的运动量。讲起业务来头头是道的李莉,说到与客户相处上,却只有简简单单的一句话,"能替客户解答疑惑,我很高兴。"

【要求】

(1) 对银行工作人员个人仪容、仪表、仪态的形象设计进行练习。
(2) 将工作人员、客户进行分组,对银行服务工作中的各项规范进行练习。
(3) 如果你是这家银行的客户,请你评议一下银行大堂经理的工作。

（4）填写操作记录。

【操作记录】

_____

_____

_____

_____

_____

_____

_____

3．技能训练

（1）设计、模拟银行工作中的接待技巧，要求分组讨论、评价练习效果，找出优缺点，设计训练内容。

（2）对着镜子自我训练"三米六齿"微笑服务。

项目三
营业中迎送客户服务

知识目标

　　学会迎送客户的标准服务用语及规范礼仪，掌握引导客户分流的业务知识及业务技能，掌握银行各种常用单据的填写要求，熟知银行自助设备的操作方法，培养爱岗敬业的职业精神。

任务一　迎送客户与业务分流

银行大堂经理岗位的工作人员做好大堂环境的准备工作后，按照《中国银行营业网点大堂经理服务规范》中的基本要求，为客户做引导服务。

任务导入

作为北京商贸银行西城支行银行大堂经理钱一文，在完成了岗前培训后，开始独立工作。银行大堂经理一天的工作是从迎接客户开始的，迎送客户及业务分流是银行大堂经理一天中最重要的接待工作，是银行服务大众的窗口，接待的质量直接影响银行的整体形象。银行大堂经理不仅要使用规范的接待礼仪及标准服务用语，更重要的是要有良好的心理素质及与人沟通的能力，才能有效地做好大堂秩序的维护工作。

工具准备：叫号机。

职业意识：礼貌、规范、快捷。

知识准备

银行大堂经理每天都在进行着迎来送往的工作，作为金融服务的窗口，不仅要熟知银行业务的专业知识，更要有较高的职业素养、规范的礼仪，时刻维护银行形象。分流引导服务流程如图3-1所示。

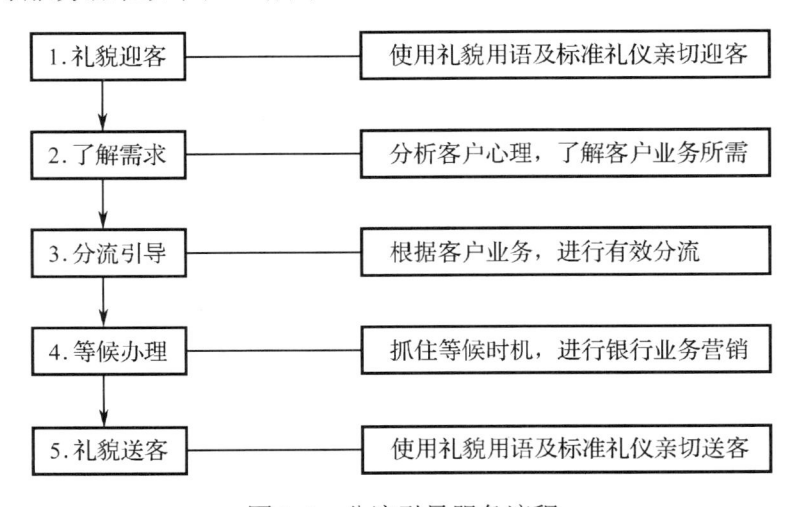

1.礼貌迎客	使用礼貌用语及标准礼仪亲切迎客
2.了解需求	分析客户心理，了解客户业务所需
3.分流引导	根据客户业务，进行有效分流
4.等候办理	抓住等候时机，进行银行业务营销
5.礼貌送客	使用礼貌用语及标准礼仪亲切送客

图3-1　分流引导服务流程

一、迎接客户

1. 迎接客户职业礼仪标准

迎接客户礼仪标准如表 3-1 所示，迎接客户如图 3-2 所示。

表 3-1　迎接客户礼仪标准

礼　仪	礼　仪　标　准
站姿	标准站姿，站在可同时兼顾门口进入客户和大厅内客户情况的位置。当看到客户走近营业网点 1.2 米处时，列队人员齐声喊出迎客问候语，并行 15°欠身礼，同时做出方向指示手势
目光	与客户保持目光接触，面带微笑
距离	与客户交谈时保持 1 米的距离
手势	示意客户时，要用手心向上五指并拢的手势
态度	精神专注，主动热情、自然地打招呼

图 3-2　迎接客户

【注意】在迎接客户时，要避免下列情况的出现：
- 严禁在客户面前打哈欠、咳嗽、打喷嚏。
- 不得用单指或手心向下的手势。

2. 运用礼貌用语迎接客户

银行大堂服务人员是银行与客户的服务桥梁，运用礼貌用语迎接客户会给客户留下很好的第一印象，从而展现银行的服务质量，为客户能在本行办理业务提供初步的信赖。

迎接客户用语与忌语如表 3-2 所示。

表 3-2　迎接客户用语与忌语

工作情景	服务用语	服务忌语
出迎客户	"您好！"或"欢迎光临！" "先生，早上好！"或"阿姨，下午好！"	"老头，有事吗？" "老太太，你办什么业务？"
面对常惠顾的客户	在称呼客户时，可加上客户姓氏或职务，如"张阿姨，您好！""李主任，下午好！"等	不能使用亲属称谓，如"张姐，您来了！""李哥，今儿您又汇款呀！"
询问客户	称谓要用尊称"您"，如"您好！请问您办理什么业务？"	"你办什么呀？" "该带的带了吗？"
	若可使用自助设备完成的业务，引导客户进入自助区办理，如"您办理的业务可在我行自助区域办理，这样也为您节省等候时间。""请跟我来，这边请。"	"你去那边，自己在机器上就能取。"
面对徘徊的客户	"您好，请问我有什么可以帮助您的吗？"	"没事在这转悠什么呀。"
遇到权限之外问题时	"您好，请您稍等一下，我请示下领导，尽快给您回复。"	"这不是我的业务，我也不知道。"

【**注意**】切记不要以貌取人，如对待穿着华丽的客户说："您好，请问您办理什么业务？"而对待穿着简朴的客户说："你有什么事？"

3. 抓住迎接客户的时间点

面对每一位进入营业厅的人员，银行大堂经理均要微笑迎接，切忌冷落怠慢任何一位客户，任由客户在营业大厅自行走动而不予理睬，以免有些不法分子进入营业厅，银行大堂人员要有高度的警惕感和责任心。银行大堂经理在接待客户的同时，又有新客户走入大厅时，应尽快引导此客户去相应区域办理业务后再接待新客户；若不能很快为此客户办理完，应对其说"不好意思，请您稍等"，再转向新客户简要询问，若可以立即办理好，先处理新客户的事宜；若不可，则请新客户稍等，而不应对新客户不予理睬，否则会遗失掉客户源。

（真诚是做好服务的基础）

二、业务分流

1. 熟悉各个功能服务区域的服务内容

银行大堂经理应熟悉营业网点各个功能服务区的划分及服务内容,网点内部按功能可分为客户引导区、自助服务区、客户等候区、现金业务区、非现金业务区、理财服务区。

大堂功能服务区的划分及功能如表3-3所示。

表3-3 大堂功能服务区的划分及功能

序号	服务区	功能
1	客户引导区 (见图3-3)	该区是银行大堂经理服务区,一般在网点入口处设置(自助银行在网点入口的除外)。这是银行大堂经理负责客户引导和分流工作的主要区域,应按要求摆放营业网点功能区域指示牌,便于客户了解功能分区、业务办理和服务受理的步骤
2	自助服务区	该区是为客户提供便利、快捷、全面的自助业务办理和服务的区域
3	客户等候区 (见图3-4、图3-5)	该区是客户等候办理业务及休息的区域,一般设置在各个功能分区的连接处。银行大堂经理可以向客户宣传展示产品,开展服务及营销活动
4	现金业务区 (见图3-6、图3-7)	该区又称封闭式柜台区,用防弹玻璃将客户和柜员隔离开来。该区设有密码器、麦克风和客户用笔等设施用品,应保持整洁美观并能正常使用
5	非现金业务区	该区又称开放式柜台区,柜员可以为客户办理公司业务、信贷业务、中间业务等不涉及现金交易的业务
6	理财服务区 (见图3-8)	该区是VIP客户快速办理业务的通道,也是客户经理向客户专门提供各类增值服务和理财服务的区域(面积狭小的储蓄所可设置理财窗口)

图3-3 客户引导区

图3-4 客户等候区一

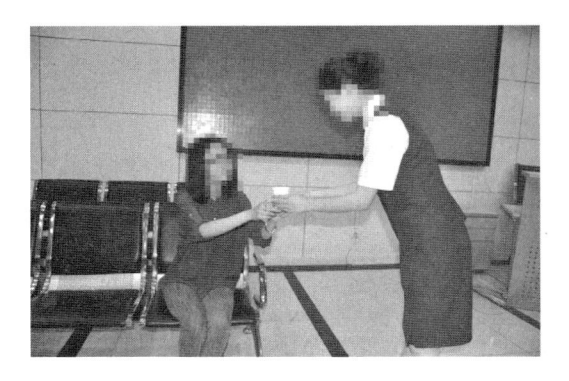

图 3-5　客户等候区二

图 3-6　现金业务区一

图 3-7　现金业务区二

图 3-8　理财服务区

【注意】针对潜在高端客户，可将其引导至贵宾客户专属服务区。

2．抓住分流引导时机，熟练运用分流引导

根据客户需求，为客户拿取相应的叫号牌并告知客户前面等候人数，引导其在指定区域耐心等待并留心柜台叫号。

使用叫号机系统，一方面可消除客户长时间"站队"的辛苦，另一方面可减少客户对"站错队""插队"的抱怨，如图 3-9 所示。

图 3-9　银行大堂经理使用叫号机服务客户

工具

叫号机

叫号机是一种综合运用计算机技术、网络技术、多媒体技术、通信控制技术的高新技术产品，能有效地代替客户排队。该系统由发号主机、柜员呼叫器、主显示屏、窗口显示屏、语音系统、出号口等部分组成，如图3-10所示。

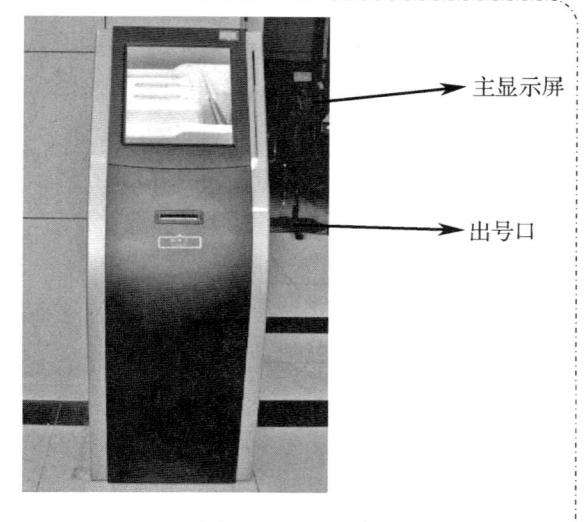

图3-10　叫号机

银行通过设置叫号机可以合理安排客户办理各种业务，解决客户在办理业务中所遇到的排队、等候、拥挤和混乱等现象。银行大堂经理协助客户取号时，应询问客户办理的业务类型，从而为客户提供更优质的服务，取号过程也是进一步了解客户潜在需求的重要过程。客户取号后在等候区等待叫号。柜员通过呼叫器进行下一位、重复叫号或上一位等呼叫的操作，操作进行时呼叫器上的显示屏、相应的窗口显示屏、主显示屏均显示受理客户号码，同时可以语音叫号。

从客户进入营业大厅开始到客户离开营业大厅的全过程，银行大堂经理的客户分流引导服务工作可以分三个时机展开，按分流引导容易程度排序为客户取号前、客户取号时、客户等候时，相对来讲，最佳时机为客户取号前，一般时机则是客户取号时，较难时机则是客户等候时。同时要熟练运用合适的服务技巧，做好客户分流引导工作。

分流引导工作要点如表3-4所示。

表3-4　分流引导工作要点

分流引导容易程度	工 作 要 点
客户取号前 ——最佳分流引导时机	时点：客户进入营业大厅时。 要点：用真诚的语言问候并表达出主动服务的意愿。 效果：客户自尊心得到极大的满足，并得到有效服务
客户取号时 ——一般分流引导时机	时点：营业厅人多业务繁忙时。 要点：做好探询需求和提出建议的服务工作。 效果：减轻柜台业务，有效达到合理分流引导

续表

分流引导容易程度	工 作 要 点
客户等候时 ——较难分流引导时机	时点：未得到银行大堂服务人员的欢迎问候及分流引导服务。 要点：诚恳表达未做好欢迎服务的歉意后，做探询需求和提出建议的服务工作。 效果：减缓客户敏感、焦躁、易怒的情绪，尽可能达到合理分流引导

业务分流标准服务用语如下：

（1）"××先生/女士，您的业务需要在这边柜台办理，我为您取号，稍等片刻。"

（2）"××先生/女士，请问您是否持有我行的银行卡？这边柜台排队等候的客户比较多，如果您的取款金额不超过 20 000 元人民币，建议您到我们的 ATM（或其他自助设备）办理，好吗？"

（3）"××先生/女士，请您移步至我们的理财服务区办理业务，这边请！"

（4）"××先生/女士，请问您平时上网方便吗？您的业务通过网上银行，足不出户就可以办理，请问您想了解一下吗？"

（5）"您的××业务需求，由我们的××客户经理为您服务好吗？您请！"

3．了解客户心理

"客户就是上帝"，只有了解客户心理才能更好地为客户服务。作为经营风险特殊的企业——商业银行来说，对于客户的心理也是必须了解的，无论哪个领域的客户，其心理需求特征都是一致的，只是需求点不同而已。客户心理特征如表 3-5 所示。

表 3-5　客户心理特征

客 户 心 理	客户心理特征内容
多样性心理	不同客户有不同的金融服务心理需求，银行有不同的金融理财产品来满足不同客户的不同需求
层次性心理	不同年龄、职业、文化、岗位等的客户，其心理特征也会有所不同。银行会提供不同层次的金融产品满足不同客户的不同需求
复杂性心理	客户的心理是复杂的，会随着客户个体的经历等原因发生不断的变化。银行要根据客户的不同情况提供不同的金融产品
目的性心理	客户到银行办理业务各有各的目的。银行提供的金融产品要有能满足客户直接目的的条件
从众性心理	大多数客户不是专业人士，不会对各银行进行各种分析，因此银行的口碑会成为银行能否被接受的原因。口碑好的银行会赢得更多的客户
多变性心理	银行的环境往往是引起客户心理变化的直接因素，往往一句话、一个情景就会突然影响到客户的需求心理。因此银行服务人员的服务水平对银行的业务起至关重要的作用

三、送别客户

客户办理完业务离开银行的一刹那,也是银行大堂经理不能忽视的一个工作环节,礼貌送行将会提高银行的公众形象。

1. 送别客户职业礼仪标准

送别客户礼仪标准如表 3-6 所示。送别客户如图 3-11 所示。

表 3-6　送别客户礼仪标准

礼　仪	礼　仪　标　准
站姿	标准站姿,站在可同时兼顾门口进入客户和大厅内客户情况的位置
目光	与客户保持目光接触,面带微笑
距离	与客户交谈时保持 1 米的距离
态度	精神专注,主动热情、自然地送别

图 3-11　送别客户

2. 使用礼貌用语送别客户

银行大堂服务人员的五声服务之一"走有送声",就是要求无论客户是否办理业务,都要礼貌送客,以便今后客户与银行的再次业务往来。

送别客户用语与忌语如表 3-7 所示。

表 3-7　送别客户用语与忌语

情　　景	送 别 用 语	送 别 忌 语
送别客户	"再见，您请慢走！" "谢谢，欢迎您下次光临！"	"走了，不送。" "你不办业务，干吗来了！"

【注意】如客户较多，无时间与客户道别，也可不说送别用语，应视具体情况而定。

3．正确识别送别客户的时间点

正确识别客户是否真正办理好业务离开本行，不仅能表现出对客户的礼貌，还可观察到可疑人员，为银行安全提供保障。

当客户朝营业大厅门口走时，银行大堂服务人员应视当时情况，运用礼貌用语微笑送别客户，无须追到门口送别客户；对 VIP 客户应送至营业网点大门，对普通客户可直接话别。

4．特殊客户迎送

在每天的迎来送往中，也会遇到一些特殊客户群体，如身体残障客户、单身老人、患者、孕妇、过胖或过瘦客户及外国人等，作为银行大堂服务人员理应特别照顾他们，为他们提供必要的特别帮助，如图 3-12 所示。

特殊客户迎送要点

＊不歧视特殊客户到访，一定要热情迎送。

＊耐心询问特殊客户需求，反复确认客户真实意思表示。

＊为特殊客户准备办理业务的相关物品，如老花镜、写字板（与聋哑人沟通用）等。

＊对外国人不要因为害怕语言交流不畅而故意躲避。

图 3-12　告别身体残障客户

温馨提示

特殊客户迎送忌讳

➢ 严禁言语攻击特殊客户群体。
➢ 不能对特殊客户置之不理。
➢ 不要对客户指指点点，不要学其行为或语言等。

四、银行大堂环境及秩序管理

银行大堂服务人员每天都在迎来送往，为了给客户提供更温馨、更便捷的服务，环境和秩序的管理至关重要。

1. 卫生环境的管理内容

在项目一中，已经完成了营业前银行环境的准备工作，但是在一天的迎送客人中，这些环境也会被不经意地破坏，因此银行大堂服务人员还需要对重点环境进行有效的管理，如图3-13所示。

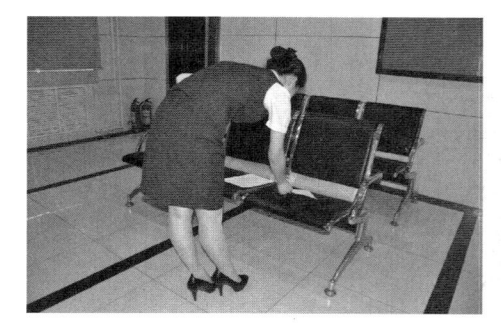

图3-13 维护大堂环境卫生

卫生环境管理要点如表3-8所示。

表3-8 卫生环境管理要点

环境项目		管 理 要 点
外部环境	地面	（1）关注地面台阶及其接缝是否洁净、地毯是否清洁。 （2）防滑红地毯是否干净、清洁，特别是雨雪天更要特别关注，以避免客户摔倒
	玻璃	玻璃幕墙、门、窗、镜面、玻璃围栏、触摸屏、扶梯玻璃尽量保持洁净透亮
	垃圾	垃圾桶内的脏物要按规定及时清除
	接待台	时刻保持接待台整洁、干净

续表

环境项目	管理要点
内部环境	（1）确保宣传资料、点钞机等各类物品摆放整齐。 （2）做好凭条填写台各种凭证及客户宣传资料的补充、整理工作。 （3）管理好客户使用的老花镜、签字笔，防止被人为地破坏。在正常损坏和消耗的情况下，应及时更新和更换。 （4）观察、检查服务设施是否损坏，关注修理进度，必要时要随时更换。 （5）确保 ATM 等自助设备正常工作，关注其修理进度，尽量避免延误客户办理相关业务

2. 银行大堂秩序的管理要点

银行大堂服务人员不仅要熟悉各类金融产品、了解相关金融政策，更要具备较好的亲和力、沟通能力、组织协调能力和分析问题、解决问题的能力。业务要想有序地进行，不仅需要有良好的营业环境作为硬件保证，更需要有良好的服务作为软件保证。

银行大堂秩序服务管理要点如表 3-9 所示。

表 3-9　银行大堂秩序服务管理要点

服务内容	管理要点
分流引导时	充分考虑客户的需求和心情，进行合理分流引导
客户较多时	（1）对于等待区的客户，银行大堂经理要主动询问客户是否需要饮水，是否有浏览书报、杂志等的需要。 （2）先为客户进行一些业务服务，如帮忙复印证件，提前请客户填写各类单据、表格并仔细审核，以缩减办理业务的时间

（银行大堂经理的迎送客要求）

角色扮演

同学们，让我们想一想银行大堂经理是怎么迎接客户、维护大堂环境的？

【实训目标】根据客户徐娜的需求为其安排柜台办理个人业务后,银行大堂经理张莉见一名客户进入本行大堂,遂上前迎接。此客户欲向上海汇款 5 000 元。此时,银行大堂中有一位客户觉得等候时间太长,脾气暴躁、言语粗鲁。客户渐渐减少,为迎接下午客户的到来,银行大堂经理进行银行大堂环境的维护。

【实训要求】

1. 按职业规范标准迎接客户。
2. 根据客户业务需求进行合理业务分流。
3. 按职业规范标准送别客户。
4. 按职业规范标准进行银行大堂环境的维护。

【实训内容】

组建小组,每 4~5 人一组,选出一名组长,由组长确定组员任务和工作进度的安排,分小组开展活动,认真观察思考后填写实训过程。

【实训过程】

_____

_____

_____

_____

_____

_____

【实训评价】

根据评价要素,将小组对个人的评分及文字评价填写在表 3-10 中。

表 3-10 评价表

评价项目	评 价 要 素	分　　值	评分及文字评价
迎接客户	迎接客户是否热情	5 分	
	是否微笑服务	5 分	
	迎接客户礼仪是否标准	10 分	

续表

评价项目	评价要素	分 值	评分及文字评价
业务分流	分流用语是否规范	10 分	
	叫号机使用是否正确	15 分	
	分流引导是否合理	15 分	
送别客户	送别客户是否热情	5 分	
	是否微笑服务	5 分	
	迎接客户礼仪是否标准	10 分	
银行大堂秩序管理	环境维护是否到位	10 分	
	秩序维护是否合理	10 分	
合　　计		100 分	

任务检测

1. 知识检测

（1）填空题

① 客户心理特征包括_____、_____、_____、_____、_____、_____。

② 银行大堂_____区可以办理现金收付业务，_____区可以办理非现金收付业务。

（2）简答题

① 特殊客户迎送禁忌有哪些？

② 客户较多时应如何维护银行大堂秩序？

2. 牛刀小试

【资料】

随着时间的推移，来北京商贸银行办理业务的客户越来越多，银行大堂内等候办理业务的人员已达到 50 余人，银行大堂的环境随着人员的往来有些杂乱，垃圾箱已满，部分客户凭证已缺失。此时，一位因年迈而行动缓慢的老大爷来到银行，他要做外币兑换，此业务需提前预约才可以办理。

【要求】

（1）做好接待此客户的各项工作。

（2）维护银行大堂的环境卫生。

（3）检查银行大堂设备是否正常运行。

（4）凭证资料急需补充。

【操作记录】

_____

_____

_____

_____

_____

_____

任务二　客户填单指导

为提高银行柜面人员的工作效率，作为银行大堂经理要熟知常用银行业务单据的填写要求。

任务导入

银行大堂经理张莉按照服务规范接待不同的客户,根据客户办理的不同业务为客户分流引导,有时需要指导客户填写相关银行单据。正确地指导客户填写单据可减少客户等候时间,提高银行工作效率。

工具准备:银行业务单据。

职业意识:准确、规范、快捷。

知识准备

一、接待客户

银行大堂服务人员根据职业的规范礼仪接待客户。

二、询问客户需求

根据客户需求,为客户拿取相应的叫号牌并告知客户前面等候的人数,引导其在指定区域耐心等待并留心柜台叫号。

三、指导客户填单

了解客户的业务需求后需指导其填写相关单据,这样既可以提高银行办理业务的效率,也可以维持银行大堂的正常秩序,如图 3-14 所示。

图 3-14 银行大堂经理指导客户填单

1. 银行单据样式

银行单据的样式有很多种，办理不同的业务需要填写的单据也不同，如图 3-15、图 3-16 所示。

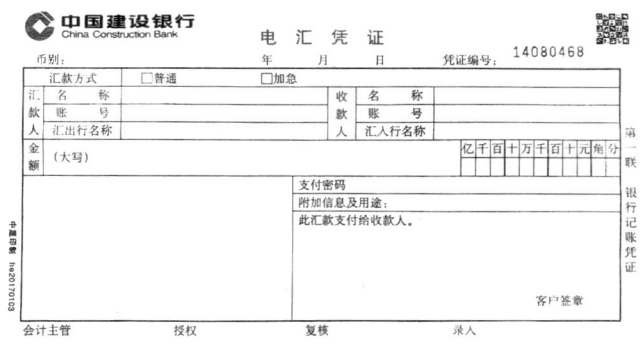

图 3-15 电汇凭证

北京市公安局防范电信诈骗安全提示单

多一分了解，少一分风险

说明：阅读并填写以下内容可能会占用您一些时间，但对于保障您及家人的资金安全却起到十分重要的作用。请您理解！谢谢合作！

业务类型： □汇款转账　　□无卡无折存款　　□开通网银或手机银行　　□其他

收 款 人：_____ 收款金额：_____

收款账号：_____

如您办理汇款转账、无卡无折存款、开通网银或手机银行等业务，请务必仔细阅读虚线以下提示内容，谨防上当受骗！如您阅读以下内容，了解了电信诈骗的危害性，并已对自身办理业务原因进行了安全确认，那么请在下方横线处签字。希望您能够将虚线下方提示内容撕下带走，及时将这些当前高发的诈编手段告诉身边的家人和朋友，不让骗子有任何可乘之机。北京市公安局感谢您的大力支持与配合！祝您愉快！

客户签字：_____ 日期：_____年____月____日

北京市公安局提示您：
　　◆公安局、法院、检察院等司法机关不会简单以打电话的方式告知您涉及电话欠费、信用卡透支、洗钱贩毒等案件，更不会提供所谓的安全监管账号或保证金账号等要求您转入钱款，或索要您的网银密码，如有类似情况，即便对方说得头头是道，他也一定是个骗子；
　　◆在卖方信誉得不到确认的情况下进行网购和订票，很可能存在被骗风险；
　　◆QQ好友通过网络聊天的形式向您借钱时，可能该QQ号码已被人盗用；
　　◆凡有电话或短信通知您车房退税、喜获大奖、预测彩票、指导股票等，都可能是陷阱；
　　◆当有陌生号码联系您，并让您猜猜他是谁时，您可以大胆地猜他就是骗子；
　　◆当突然接到勒索绑架电话，或者接到"亲戚朋友""领导关系"用陌生号码打来的借钱电话或短信时，即便电话里听着声音很像，即便对方说出的部分信息很准确、很真实，您也要做到切勿慌张，不要盲目地将钱款汇到对方账号；
　　◆如果对方要求您在汇款前不要与家人、朋友联系，让您不要相信银行工作人员和警察。此时您一定已经陷入骗子的圈套。
　　如遇上述情况，请立即与身边的银行工作人员联系或报警，或者及时与家人进行商量。由于犯罪分子会策划各种骗术（包括利用任意显示来电号码等高科技手段）来迷惑欺骗我们，因此即便您遇到的情况与上述均不相符，也请本着事事要小心的态度，谨防上当受骗！

图 3-16 安全提示单

主要单据包括：

（1）个人客户业务申请书：个人办理业务需要填写申请书，银行柜员根据其申请的内容为客户办理相关业务。

（2）缴费申请表：通过银行缴纳电费、电话费、上网费等各种费用时需要填写的单据。

（3）汇款凭证：通过银行办理汇款业务时需要填写的单据。

（4）基金定投业务申请书：办理金融业务，如基金定投、保险等业务时需要填写的单据。

> **温馨提示**
>
> **填写单据的注意事项**
>
> ➢ 提醒客户填写注意事项
>
> 每种银行单据在填写时都有其不同的填写要求，作为银行大堂服务人员有责任提醒客户填写时应注意的事项。
>
> ➢ 注意保密客户信息
>
> 客户填写的信息均属于私人信息，因此在客户填写信息时，银行大堂服务人员应注意避讳。

2．填单要求

银行各类业务单据填写必须做到标准化、规范化、要素齐全、数字正确、字迹清晰、不错漏、不潦草，防止涂改。

3．引导客户到等候区等候

为客户指导填写完相应单据后，应引导客户到相应等候区等候柜员为其办理业务。

角色扮演

> 同学们，让我们来指导客户填写单据吧。

【实训目标】客户肖浩来到北京商贸银行，称其存折丢了，要办理个人业务挂失，银行大堂服务人员钱萃指导其填写业务申请表。

【实训要求】

1. 按职业规范标准迎接客户。
2. 指导客户认真、正确地填写单据。
3. 按职业规范标准引导客户到等候区等候。
4. 以上活动均以小组形式呈现。

【实训内容】

组建小组，每4～5人一组，选出一名组长，由组长确定组员任务和工作进度的安排，分小组开展活动，认真观察思考后填写实训过程。

【实训过程】

_____

_____

_____

_____

_____

【实训评价】

根据评价要素，将小组对个人的评分及文字评价填写在表3-11中。

表3-11 评价表

评价项目	评价要素	分值	评分及文字评价
接待客户	迎接客户是否热情	5分	
	是否微笑服务	5分	
	迎接客户礼仪是否标准	10分	
分流业务	分流引导是否合理	10分	
	分流用语是否规范	10分	
	叫号机使用是否正确	10分	
指导客户填单	单据选择是否正确	10分	
	指导客户填写是否认真	10分	
	单据内容是否填写齐全	20分	

续表

评价项目	评价要素	分　值	评分及文字评价
银行大堂秩序管理	引导礼仪是否规范	10分	
合　计		100分	

任务检测

1. 知识检测

（1）填空题

① 银行常用的业务单据有_____、_____、_____、_____。

② 填写单据时应注意_____客户信息。

（2）简答题

客户填写单据的要求是什么？

2. 牛刀小试

【资料】

客户艾莹到银行开立银行账户，银行大堂经理张莉请客户出示有效身份证件并填写开户申请表，然后帮助其取号，再引导其到前台排队办理业务。

【要求】

（1）上述描述是否符合业务办理流程？

（2）如不符合，应怎样操作才是规范的？

（3）以小组为单位进行规范、专业的流程演示。

（4）填写操作记录。

【操作记录】

项目三　营业中迎送客户服务

_____

_____

_____

任务三　自动设备服务

银行为了更有效地为客户提供服务，在自助服务区设置了相关的自助设备，方便客户使用。

任务导入

银行大堂经理张莉针对客户的业务需求进行分流工作，指导客户使用银行自助设备办理业务。

工具准备：自助设备。

职业意识：及时、规范、快捷。

知识准备

一、业务分流

银行大堂经理根据客户业务的类型引导客户到相关自助设备处办理业务，从而减轻柜面业务压力。目前，可以到自助服务区办理的业务主要有：小额现金存取业务、转账、查询、代理缴费、补登存折等。

二、自助设备的使用

银行根据客户办理的业务类型不同，为客户提供了多种自助设备，银行大堂经理指导客户使用自助设备如图3-17所示。虽然专业设备有文字及语音提示，但有时还需要银行大堂经理进行专业指导。

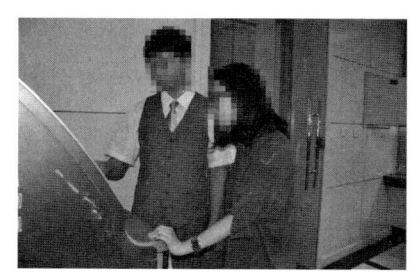

图 3-17　银行大堂经理指导客户使用自助设备

工具

自助存取款机

自助存取款机：又称自助柜员机，可办理自动存款、取款、查询余额、转账、更改密码等业务。

使用步骤：客户插卡→安全用卡提示→输入密码→选择交易→办理业务→打印凭条→返回办理其他业务→打印凭条→退卡。

工具

存折补登机

存折补登机是一种方便客户存折更新需要的自助服务终端设备。通过存折感受器和页码读取设备的配合，实现自动打印和向前、向后自动翻页。客户将存折放入补登机后，设备自动从存折上的条码和磁条中读取客户的账户信息，然后将业务主机中的客户信息打印到存折上，打印结束后，设备会发出声音提示客户取走存折，如图 3-18 所示。

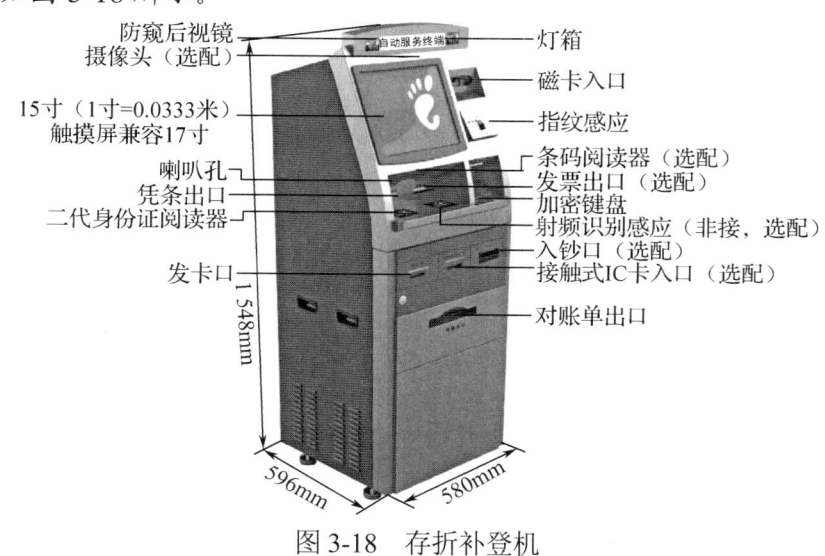

图 3-18　存折补登机

工具

复 点 机

复点机可以在不拆除纸带的情况下对钞票进行点数和鉴伪。将钞票直接放入夹钞板后机器自行开始工作，点钞速度为 100 张/4 秒，当核实钞票数目有误时，蜂鸣器会报警，报警后自动停机复位，如图 3-19 所示。

图 3-19　复点机

复点机功能如下：

- 复点：检查所计数的钞票是否为 100 张。
- 计数：无论是否为 100 张，清点结束后，夹钞板均会自动打开，显示器显示所点纸币张数。
- 预置：机器可按预先设置的数目点钞，当点算钞票达到被预置值时，机器将自动停止，并显示所点数值。
- 累加：累加分别与复点、计数、预置组合构成三种累加方式，使客户方便得出多次点钞之和。

角色扮演

> 同学们，让我们来引导客户使用自助设备吧。

【实训目标】客户王彤取款 200 元，请引导客户使用自助设备，并进行使用方法及注意事项的讲解。

【实训要求】

1. 按职业规范标准迎接客户。
2. 指导客户使用自助设备。
3. 以上活动均以小组形式呈现。

【实训内容】

组建小组，每 4～5 人一组，选出一名组长，由组长确定组员任务和工作进度的安排，分小组开展活动，认真观察思考后填写实训过程。

【实训过程】

_____

_____

_____

_____

_____

_____

_____

【实训评价】

根据评价要素,将小组对个人的评分及文字评价填写在表3-12中。

表3-12 评价表

评价项目	评价要素	分 值	评分及文字评价
业务分流	分流引导是否合理	10分	
	分流用语是否规范	10分	
	叫号机使用是否正确	10分	
服务用语	服务用语是否标准	20分	
自助设备使用	自助设备使用是否正确	50分	
合　　计		100分	

任务检测

知识检测

(1) 填空题

银行自助存取款机的使用步骤分别是插卡、_____、_____、_____、_____、_____、_____、_____、_____。

（2）简答题

银行自助存取款机的功能有哪些？

项目四
营业中引导营销服务

知识目标

了解银行客户类型及客户心理需求的一般特征；熟悉银行金融产品的种类；掌握准确识别高、中、低端客户的方法；掌握成功推介银行产品的方法；能对市场合理定位，对客户进行细分，对客户实行差异化服务；提升以客户为中心的服务意识。

项目四　营业中引导营销服务

任务一　差别服务

银行大堂经理每天在营业厅都要面对不同类型的客户。识别客户对于银行大堂经理来说是一项非常考验眼光的工作。可以通过观察、交谈准确地发现并抓住每一个细节，快速与客户进行有效的沟通，也可以从开户基本资料和办理的业务类型对客户进行有效判断，迅速找准营销机会并介入，从而挖掘身边的潜在客户，更好地实现优质服务。

任务导入

北京商贸银行经理钱一文要从学会对所接待的客户进行适当的分类做起。根据业务内容的不同、客户在银行金融资产数额的不同，以及客户风险承受度的不同对客户进行观察，并对客户进行准确分类，从而有针对性地进行差别服务。

工具准备：叫号机、宣传页。

职业意识：主动、热情、判别。

知识准备

北京商贸银行大堂经理钱一文要在熟悉商业银行业务的基础上，根据客户办理业务的类型来合理划分客户类型，以便满足客户需求，更好地为客户提供相应的咨询服务。

一、我国商业银行的业务类型

根据《中华人民共和国商业银行法》的规定，我国商业银行可以经营下列业务：

（1）吸收公众存款，发放贷款。

（2）办理国内外结算、票据贴现、发行金融债券。

（3）代理发行、兑付、承销政府债券，买卖政府债券。

（4）从事同业拆借。

（5）买卖、代理买卖外汇。

（6）提供信用证服务及担保。

（7）代理收付款及代理保险业务等。

按照规定，商业银行不得从事政府债券以外的证券业务和非银行金融业务。

二、我国商业银行的客户类型

1. 根据业务类型的不同对客户分类（见表4-1）

表4-1 根据业务类型的不同对客户分类

业 务 类 型	客 户 类 型
存款业务	存款人
贷款业务	贷款人
中间业务	委托人
保管箱业务	寄托人

2. 根据客户金融资产数额的不同对客户分类（见表4-2）

表4-2 根据客户金融资产数额的不同对客户分类

金融资产数额	客 户 类 型
80万元以上	高端客户
20万~80万元	中端客户A
10万~20万元	中端客户B
5万~10万元	中端客户C
5万元以下	低端客户（普通客户）

北京商贸银行大堂经理钱一文在工作中保持敏锐的洞察力，他善于捕捉客户信息，挖掘客户资源，发现优质客户。

根据帕累托的20/80原理（二八原理），银行全部利润的80%往往源于其20%的客户。这些为数不多的"20%的客户"就是银行的VIP客户，有时也被称为银行的黄金客户。当然，"20/80"反映的并不是绝对的数字，而是一种少数与多数的关系和趋势。对于银行而言，识别出那些对银行贡献大的"20%的客户"，并不断挖掘他们对银行的价值，是做好VIP客户营销工作、提高经营质量的关键。

> **动脑筋**
>
> 你如何看待"贵宾客户优先"的现象？你认为银行优先办理贵宾客户的业务合理吗？
>
> _____
> _____
> _____
> _____
> _____
> _____
> _____

> **温馨提示**
>
> 对来银行办理业务的客户进行分类，是为了更好地、有针对性地为客户服务，并不是有意把客户分为三六九等，因此，银行大堂服务人员在对客户进行服务时，应该本着客户至上的服务理念，始终把客户的利益放在首位。无论哪种类型的客户，都是我们的客户，都应提供细心、周到的服务，让客户满意。

3. 根据客户风险承受度的不同对客户分类（见表4-3）

表4-3 根据客户风险承受度的不同对客户分类

类　　型	风险承受能力	是否愿意接受建议
保守型	无	否，比较固守己见
稳健型	较低	是，但能坚持己见
平衡型	适中	是，衡量利益多寡
成长型	较高	是，接受部分建议
进取型	很高	是，积极主动出击

银行大堂服务人员经常会遇到客户前来咨询业务的情况，如果不了解所在银行理财产品的特点、客户的投资需求及客户对风险的承受能力，就不能顺利地回答客户提出的问题，客户就会失望而去。因此，只有初步了解和判断客户的风险承受能力，才能为客户推介适合的银行理财产品。

可以参照"商业银行理财客户风险评估问卷"、客户分级评估标准及适合购买的银行理财产品类型（见表 4-4），完成对客户的风险度评估，判断客户可以购买的银行理财产品类型。

商业银行理财客户风险评估问卷

以下 10 个问题将根据您的财务状况、投资经验、投资风格、风险偏好和风险承受能力等对您进行风险评估，我们将根据评估结果为您更好地配置资产。请您认真作答，感谢您的配合！（每个问题请选择唯一选项，不可多选）

客户姓名：_____　　　　联系方式：_____

证件类别：_____　　　　证件号码：_____

一、财务状况

1．您的年龄是？

□A．18～30 岁（-2）　　　　□B．31～50 岁（0）

□C．51～60 岁（-4）　　　　□D．高于 60 岁（-10）

2．您的家庭年收入为（折合人民币）？

□A．5 万元以下（0）　　　　□B．5 万～20 万元（2）

□C．20 万～50 万元（6）　　□D．50 万～100 万元（8）

□E．100 万元以上（10）

3．在您每年的家庭收入中，可用于金融投资（储蓄存款除外）的比例为？

□A．小于 10%（2）　　　　□B．10%～25%（4）

□C．25%～50%（8）　　　　□D．大于 50%（10）

二、投资经验（任一项选 A 客户均视为无投资经验客户）

4．以下哪项最能说明您的投资经验？

□A．除存款、国债外，我几乎不投资其他金融产品（0）

□B．大部分投资于存款、国债等，较少投资于股票、基金等风险产品（2）

□C．资产均衡地分布于存款、国债、银行理财产品、信托产品、股票、基金等（6）

□D．大部分投资于股票、基金、外汇等高风险产品，较少投资于存款、国债（10）

5．您有多少年投资股票、基金、外汇、金融衍生产品等风险投资品的经验？
　□A．没有经验（0）　　　　□B．少于2年（2）
　□C．2～5年（6）　　　　　□D．5～8年（8）
　□E．8年以上（10）

三、投资风格

6．以下哪项描述最符合您的投资态度？
　□A．厌恶风险，不希望本金损失，希望获得稳定回报（0）
　□B．保守投资，不希望本金损失，愿意承担一定幅度的收益波动（4）
　□C．寻求资金的较高收益和成长性，愿意为此承担有限本金损失（8）
　□D．希望赚取高回报，愿意为此承担较大本金损失（10）

7．以下情况，您会选择哪一种？
　□A．有100%的机会赢取1 000元现金（0）
　□B．有50%的机会赢取5万元现金（4）
　□C．有25%的机会赢取50万元现金（6）
　□D．有10%的机会赢取100万元现金（10）

四、投资目的

8．您计划的投资期限是多久？
　□A．1年以下（4）　　　　□B．1～3年（6）
　□C．3～5年（8）　　　　　□D．5年以上（10）

9．您的投资目的是？
　□A．资产保值（2）　　□B．资产稳健增长（6）　　□C．资产迅速增长（10）

五、风险承受能力

10．您的投资出现何种程度的波动时，您会呈现明显的焦虑？
　□A．本金无损失，但收益未达预期（-5）　　□B．出现轻微本金损失（5）
　□C．本金10%以内的损失（10）　　　　　　□D．本金20%～50%的损失（15）
　□E．本金50%以上损失（20）

评估结果：（客户风险等级）

[客户确认栏]
本人保证以上所填全部信息为本人真实的意思表示，并接受贵行评估意见。
客户签名：
评估人：
评估日期：　　　　　　　　　　　　　　　　　　　银行签章

表 4-4　客户分级评估标准及适合购买的银行理财产品类型

分 值 范 围	客 户 类 型	适合的理财产品类型
小于等于 20 分	保守型	极低风险产品
21～45 分	稳健型	极低、低风险产品
46～70 分	平衡型	极低、低、中等风险产品
71～85 分	成长型	极低、低、中等、较高风险产品
86～100 分	进取型	极低、低、中等、较高及高风险产品

注：

（1）极低风险产品：经各行风险评级确定为极低风险等级产品，包括各种保证收益类理财产品，或者保障本金，且预期收益不能实现的概率极低的产品。

（2）低风险产品：经各行风险评级确定为低风险等级产品，包括本金安全，且预期收益不能实现的概率较低的产品。

（3）中等风险产品：经各行风险评级确定为中等风险等级产品，该类产品本金亏损的概率较小，但预期收益存在一定的不确定性。

（4）较高风险产品：经各行风险评级确定为较高风险等级产品，存在一定的本金亏损风险，收益波动性较大。

（5）高风险产品：经各行风险评级确定为高风险等级产品，本金亏损概率较大，收益波动性大。

三、望、闻、问、切，对客户进行差异鉴别

1. "望"——观察客户的表象特征

（银行大堂的暖心故事）

表象特征是客户自然状况的反映，包括年龄、性别、职业、教育、收入、社会阶层等方面的特征，这些特征的差异决定了客户个人金融需求的差异，从而决定了客户购买金融产品的品种差异和数量差异。

观察是为了寻找营销机会，适时介入和真正了解客户需求的起点。观察可以从以下几个方面入手。

（1）客户年龄。

根据客户不同年龄的消费特点，可以将客户分为以下几个年龄段（见表 4-5）。

表 4-5　客户年龄段及其消费行为特点

年 龄 段	消费行为特点
年轻人	乐于追求新事物，喜欢冒险挑战
中年人	有较多的金融需求和充足的购买能力
老年人	做决策时比较慎重，考虑全面

（2）言谈和行为举止。成功人士的自信来源于内心，这可以从他们的谈吐、表情、肢体语言中表现出来，如声音洪亮、走路速度快、昂首挺胸、表情泰然自若等。银行大堂经理每天要接待众多客户，由于工作时间有限，也无法分身周到地顾及每一位客户。所以，如何沙中淘金，通过敏锐的洞察力并结合以往的经验，从客户典型表象特征着眼，及早发现潜在优质客户，提高工作效率，是银行大堂经理必须学会的一个基本技能。

（3）衣着。客户的着装款式、品牌、服饰的颜色搭配都能反映出客户生活消费的偏好、职业特点、收入状况，进而反映出客户的经济实力。

（4）饰品及携带物。客户佩戴的手表、皮带及手机、皮包的品牌等也能反映出客户的经济实力。

（5）交通工具。客户有的自己开车来网点，有的是由司机开车来网点；客户车的款式、型号差异也很大，如有的是国际名车，如奔驰、宝马等，名车和普通国产车的价位差异很大；车牌的号码也大有学问，可能是特殊职位和特殊权力的标志。

当然，作为银行工作人员来讲不应该以貌取人，况且客户的表象特征也仅是作为客户身份判断的初步参考，还要结合所收集的客户多方面信息进行综合分析，不可单纯以客户的穿着、体貌和简单的行为特征来判断客户类型。

2. "闻"与"问"——询问与倾听

银行大堂服务人员应及时将自己或柜台人员发现的潜在客户引荐给个人客户经理，并说明客户需求，由客户经理与客户进行单独沟通，促使其成为本行的贵宾客户。对暂时不接受本行贵宾客户服务的，要向客户递送名片，若客户愿意提供姓名、联系电话、地址等信息，则要认真记录，立即通知客户经理做好后续营销服务工作。

温馨提示

询问与倾听——开展优质服务的前提

银行大堂服务人员见到客户进入营业场所后，应主动迎向客户，并向客户点头示意。当和客户距离接近时，以口头语言与客户寒暄，常用的语言是："您好，请问您办理什么业务？""您好，请问需要什么帮助？"等。通过主动的沟通了解，可以得知客户要办理的业务类型及投资意向，客户是否在他行有大额存/贷款、是否为他行的VIP客户，客户的职业、学历等，以便更好地为客户服务。

> **动脑筋**
>
> 低端客户对商业银行有哪些价值呢？你认为商业银行可否放弃低端客户的服务呢？

3."切"——办理业务过程中获取客户的基本信息和投资需求

银行大堂服务人员从办理的业务类型中不仅可以获取客户的基本信息，还可以发现客户的潜在需求。如办理大额存取现金或汇款、较大额外汇汇款/转账、大额存款的挂失、开大额存款证明、大额贷款业务及还款的客户，往往是高端业务的潜在消费者。而上门购买基金、大额国债等投资产品或保险产品、开设或使用保险箱业务的客户，往往也是理财业务的潜在消费者。

对于出示 VIP 卡的客户，一般可以直接引导他们到理财室或专门的 VIP 窗口办理；而那些现金交易金额较大的客户，可以引导他们到理财室或由专设的绿色通道为其办理。

更多的情况是对现金交易金额较小（人民币 2 000 元以下）的客户，可引导他们到各种自助设备上办理，如自动取款机、自动存款机等。这种情况银行大堂服务人员一般要向客户介绍自助机具的使用方法等。

如果发现客户手中拿着各种缴纳费用的单据，那么银行大堂服务人员要主动为他们介绍银行卡委托代扣业务或引导其使用自助设备、电子渠道，如查询缴费机、电话银行、网上银行等。

对于办理特殊业务的客户（如基金客户、申请挂失等），要及时引导他们到相应柜台，以减少客户等待时间。

角色扮演

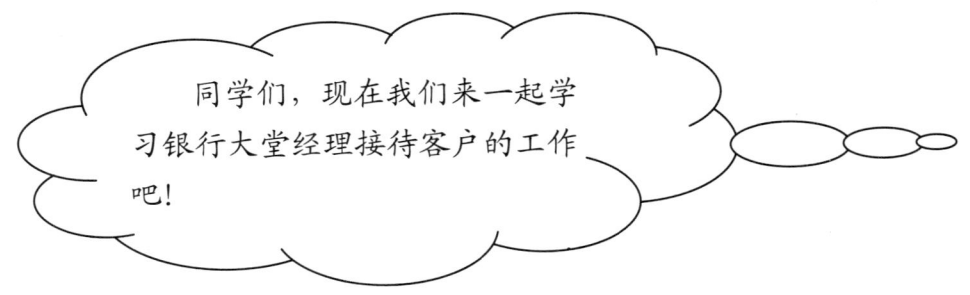

> 同学们，现在我们来一起学习银行大堂经理接待客户的工作吧!

【实训目标】模拟银行大堂经理接待客户的情境。

【实训要求】

组建小组，每4~5人一组，选出一名组长，由组长确定组员的角色和任务要求，分小组开展活动，角色扮演、观察思考后填写实训过程。

【实训内容】

任务1 客户走进北京商贸银行办理个人业务，银行大堂经理上前迎接。请按要求完成下列工作内容。

（1）客户手中拿着各种需要缴纳费用或办理业务的单据，银行大堂经理通过观察来判断客户办理业务的类型。

（2）客户手中持有不同的卡，如借记卡、贷记卡、VIP卡等，银行大堂经理通过观察来判断客户类型。

（3）让客户填写商业银行理财客户风险评估问卷，为客户测试风险承受能力，并据以推介适合客户的银行理财产品。

任务2 小组讨论。

（1）在初步识别客户过程中，还有哪些可以关注的地方？

（2）上网收集相关信息，并比较外资银行与内资银行服务对象的不同。

【实训过程】

_____

_____

_____

【实训评价】

1. 结合表 4-6 所列项目及标准，对任务 1 的完成情况进行评分及文字评价。

表 4-6 评价表

评价项目	评价要素	分值	评分及文字评价
工作态度	接待是否热情、服务是否周到	10 分	
根据业务内容的不同对客户分类	观察是否到位	10 分	
	能否有针对性地进行客户分类	20 分	
根据客户在银行金融资产数额的不同对客户分类	观察是否到位	10 分	
	能否有针对性地进行客户分类	20 分	
根据客户风险承受度的不同对客户分类	能否准确进行客户分类	20 分	
	判断应推介何种风险的银行理财产品	10 分	
合　　计		100 分	

2. 结合表 4-7 所列项目及标准，对任务 2 的完成情况进行评分及文字评价。

表 4-7 评价表

评价项目	评价要素	分值	评分及文字评价
讨论初步识别客户的方法	讲解清楚、举例恰当	50 分	
上网收集信息，讨论与比较中外资银行服务对象的不同	信息收集快，学习效果好	50 分	
合　　计		100 分	

任务检测

1. 知识检测

（1）填空题

① 根据业务类型的不同对客户进行分类，填写表 4-8。

表 4-8　根据业务类型的不同对客户进行分类

业 务 类 型	客 户 类 型

② 根据客户风险承受度不同，可以分为＿＿＿＿＿＿、＿＿＿＿＿＿、＿＿＿＿＿＿、＿＿＿＿＿＿、＿＿＿＿＿＿。

③ 观察、询问、倾听及获取有用信息，从而对客户进行有效的差异鉴别，又可称为＿＿＿＿＿＿、＿＿＿＿＿＿、＿＿＿＿＿＿、＿＿＿＿＿＿。

（2）简答题

根据《中华人民共和国商业银行法》的规定，我国商业银行可以经营哪些业务？

_____

_____

_____

_____

_____

_____

_____

2. 牛刀小试

【资料】

北京商贸银行大堂经理钱一文要在熟悉商业银行业务的基础上，根据客户办理业务的类型来合理划分客户类型，以便满足客户需求，更好地为客户提供相应的咨询服务。

【要求】

（1）熟知角色定位与工作流程。

（2）以小组为单位进行角色扮演。

（3）填写操作记录。

【操作记录】

_____

_____

_____

_____

_____

_____

任务拓展

任务要求：阅读下列一段话，谈谈你的看法，并且请你说出银行服务中还有哪些特殊客户服务，又该如何处理呢？

> 银监会法规部有关领导曾指出，"金融业也是服务行业，包括银行等在内的金融机构应不断提升自己的服务质量和服务水平"。"近年来，金融业的服务质量和服务水平总体上有了很大的提升，得到了大部分人的认同，但仍有一部分民众对其不满意，这表明金融机构的服务质量和服务水平都还有很大的提升空间。"特别强调，"让民众享有同等的金融服务，是全球金融业共同的目标之一，不论钱多钱少，不论何种身份，都应该享受同等的金融服务"。

任务二　产品推介

　　银行理财产品是商业银行在对潜在目标客户群进行分析研究的基础上，针对特定目标客户群开发设计并销售的资金投资和管理计划。理财产品这种投资方式，银行只是接受客户的授权管理资金，投资收益与风险由客户或客户与银行按照约定方式来承担。目前，各家银行的理财产品种类繁多，无所谓好与坏，只有适合客户投资需要及风险承受能力的理财产品才是最好的产品。

任务导入

北京商贸银行大堂经理钱一文开始研究如何按风险和收益的特征，根据委托投资期限长短、投资方向及设计结构对银行理财产品进行分类，从而向客户成功推介银行金融产品。

工具准备：宣传页、产品海报。

职业意识：规范、熟练。

知识准备

一、银行理财产品的分类

1. 按风险和收益的特征对银行理财产品分类（见表4-9）

表4-9 按风险和收益的特征对银行理财产品分类

种 类		风 险	收 益
保证收益理财产品		较低	保证获得协议规定的收益
非保证收益理财产品	保本浮动收益类理财产品（结构性存款）	保证本金，其他风险由投资人承担	与汇率、利率、债券、一篮子股票、基金等金融市场参数挂钩
	非保本浮动收益类理财产品	不保证本金，全部风险由投资人承担	高于保本浮动收益类理财产品

这两类产品的风险与收益成正比，均由低到高，如何选择需要看个人的理财目标。

2. 按委托投资期限对银行理财产品分类（见表4-10）

表4-10 按委托投资期限对银行理财产品分类

种 类	投 资 期 限
超短期产品	1个月以内
短期产品	1～3个月

续表

种 类	投 资 期 限
中期产品	3个月～1年
长期产品	1年以上
开放式产品	无

通常期限越短，流动性风险越小；反之，流动性风险越大。

3．按投资方向对银行理财产品分类（见表 4-11）

表 4-11　按投资方向对银行理财产品分类

种 类	投 资 方 向
货币市场类产品	同业拆借、短期证券、债券衍生品
资本市场类产品	股票、债券、基金
产业投资类产品	信贷类资产、股权类资产

这三类产品的风险排序基本与其投资的标的市场风险排序相近，单款产品的风险与投资的具体标的风险相关。

4．按设计结构对银行理财产品分类（见表 4-12）

表 4-12　按设计结构对银行理财产品分类

种 类	投 资 对 象	风 险	收 益
单一性产品	某一种产品	不确定性	不确定性
结构性产品	固定收益证券、金融衍生品（如期权等）	来源于所挂钩资产价格的变化，可以分散风险	取决于所挂钩资产的表现，可以提高收益

二、客户心理需求的一般特征

客户是商业银行生存和发展的基础，拥有了客户就拥有了市场，也就拥有了希望，"以市场为导向，以客户为中心"已成为各家商业银行做好市场营销的基本原则。由于客户的金融行为选择很大程度上是由客户的心理趋向所决定的。因此，商业银行关注并把控客户的心理特征，采取相应的措施，有利于提高商业银行市场营销效果，增强商业银行的综合竞争能力。

经过多年对客户心理需求的分析，得出客户心理需求有如下特征：多样性心理、层次性心理、复杂性心理、目的性心理。

1. 多样性心理

商业银行客户心理需求多样化是指客户群体和个体心理需求多样化。从群体来讲，不同的客户个体有不同的金融服务心理需求，而从客户个体来讲，其服务的需求也是多样化的。其原因在于人的生活是丰富多彩的，金融服务渗透到生活的各个方面，因此，不同的人有不同的心理需求，而同一个人在不同时期也有不同的心理需求，人的这种心理多样化，决定了生活的多样化，从而也就决定了金融业务的多样性、金融产品需求的多样化和服务方式的多样化。

2. 层次性心理

客户群体是以一定的标准来划分的，不同的年龄、职业、文化、区域、岗位、民族，其心理特征是不一样的，客户层次不同，客户的金融服务心理需求就不同，如老年人客户、低文化层次的客户存取款就不愿意接受银行卡而愿意使用纸质储蓄存折；而青年人、高文化层次的客户就愿意接受银行卡而不太愿意使用纸质储蓄存折。客户之间层次上的差异性表现为金融服务需求心理上的层次性。

3. 复杂性心理

人的心理是一个动态的变化，会随着外部条件的变化而不断发生变化。客观存在是十分复杂的，加上人的心理变化的复杂性，从而使客户对金融服务的需求也变得十分复杂。如客户到商业银行办理一笔储蓄存款其目的可能是养老、子女上学、买房、用于临时应急等。一个人的金融服务心理已然相当复杂，整个客户群体则将更加复杂。

4. 目的性心理

每个客户的金融行为都有一个主要目的或多个从属目的，没有目的就没有需求，需求也是目的。商业银行客户的所有金融行为都是有目的的金融行为，如企业到银行申请贷款业务，主要是为了解决企业的资金周转。这些心理趋向是商业银行营销金融产品的重要依据。

> **动脑筋**
>
> 你认为艺术明星可否代言银行机构并打造成知名金融品牌？有何优势与劣势呢？
>
> _____
> _____
> _____
> _____
> _____
> _____
> _____

三、差异化产品推介服务

针对不同层次的客户细分市场实行差异化产品推介服务。根据每个细分市场的特点，采用相应的营销策略，对不同的细分市场采用不同的推介手段。差异化营销的原则是对银行业务发展的重要程度和对银行的贡献度越大的客户群体投入越多的资源，反之，投入越少的资源。

差异化营销主要体现在服务的差别上，包括业务流程差别化、资源配置差别化、服务价格差别化、服务产品差别化等。

1．业务流程差别化

银行为优质中高端客户提供专门业务办理通道，即在提供专属业务人员的同时，也要为优质客户办理业务提供便利。银行业务办理速度是优质客户评价银行服务的重要标准，银行应该针对中高端客户设计专门的业务流程，在控制风险的基础上，简化工作环节，力争为客户节约时间成本，提高其满意度。

2．资源配置差别化

针对中高端客户即优质客户，银行应根据客户的具体情况适当加大资源优化配置组合的力度，集中行内优势资源保证重点客户的需要。如为贵宾客户和理财客户配备专属的客户服务经理、设立专属的业务办理区，同时电话银行设置贵宾客户专线，网上银行设置贵宾客户专属界面等。对中高端客户就应该投入更多的资源，使其与所创造的利润相对应。

3. 服务价格差别化

对中高端客户要实行综合定价策略，按照"互惠互利，优质优价，利于发展"的原则给予优质客户在服务定价方面一定的弹性。给贵宾客户推出一些优惠价格，如协议理财免费、存款证明免手续费、理财建议书免费、全国通汇款免费等。另外，在理财产品定价上也实行差异化，如7天期限的短期理财产品，贵宾客户给予1.7%的预期收益率，理财客户给予1.5%的预期收益率，大众客户给予1.2%的预期收益率。让客户真切地在服务价格的优惠上感受到最直观的差异化服务，提高客户的忠诚度和满意度。

4. 服务产品差别化

提供优质的金融产品是商业银行金融服务的主要内容，只有通过金融产品这一载体，银行才能够向客户提供服务。所以商业银行必须设计优质的产品，让客户能从金融产品中真正获得收益。只有通过优质产品为客户提供更优的金融解决方案，为客户提供省时、省力、省心、增值的金融服务，才能赢得客户的信任，培育客户忠诚度。中高端客户由于其所受教育程度普遍较高的特点，其对金融消费需求比较丰富，银行需要加强产品创新，为中高端客户提供更加丰富的金融产品，满足客户需求，提高客户满意度。

> **动脑筋**
>
> 你能否举实例说明商业银行是如何划分客户服务群体的？

四、成功推介方法

抓住客户心理，实施有效的营销策略，掌握成功推介的方法。

1. 成功推介方法一：向客户进行必要的风险提示

任何一项投资都是风险与收益并存的，如果事先做好风险提示，让客户真正在心理上对风险有充分的认识，不但能够帮助客户避免一些损失，而且能够赢得客户的好感和信任，对工作大有裨益。实践证明，在风险提示缺失或提示工作做得不到位的情况下，客户一旦遭受损失，就会把怨气发泄到银行和银行工作人员身上，造成的后果是极其恶劣的。有的客户甚至会做出疯狂举动，其对银行社会声誉的危害和对员工身心的打击，远远大于营销一种产品所带来的收益。因此，向客户进行必要的风险提示应当成为银行一项长期坚持的日常工作，而其带给银行的收益也必将是长远的。

2. 成功推介方法二：推介产品要有针对性，但是不要具体到某一种产品

作为银行大堂经理，最好不要推介某一种具体产品。成熟的做法应该是：根据客户的特点，有针对性地推介某一类型的产品。例如，乐于冒险者可以介绍他买指数型基金；年老保守者，可以推介他买债券型基金；积极稳健者，可以推介他买配置型基金。银行大堂经理可以给客户讲解判断基金优劣的方法，提供必要的信息，但是应尽量让客户自己选择具体产品。如此，客户既增长了知识，又提高了自信，将来即使遭受损失银行也可以免受责难。

3. 成功推介方法三：注意锁定预期收益

面对渴望获取丰厚收益的客户应如何推介呢？

首先应了解客户为什么要购买产品。从营销实践中发现，多数客户没有明确的预期目标，也没有明确的预期收益，面对这样的客户，银行大堂经理可以抓住这一机会，给客户设定一个目标来引导其购买产品，可以定期一年储蓄利息作为参照。

如果客户认可这个目标，就引导其查阅基金以往收益，选择其中一批高于定期一年储蓄利息的产品推介，告知客户只要达到预期目标就赎回，落袋为安后再重新投资。如果赎回前就很快超过预期收益，则视同意外之财。事实证明，这个办法对

客户有很大的吸引力，特别是对新客户更有效。

4. 成功推介方法四：模糊宣传收益时间，不要锁定具体时点而应锁定大致的时段

在宣传推介产品时，收益时间应锁定大致的时段。稍微模糊一下收益时间，反倒是取信于客户的有效办法。例如，某家银行第一批销售的基金，当时正处于股市低迷时期，加上没有经验，所售基金在宣传的收益时点，其净值没有达到预期目标甚至折本，部分客户非常不满，感觉上当受骗了，纷纷赔钱赎回，一时间怨声载道；而另外一些客户（其中很多是忘记了这回事的），仅仅多坚持了几个月，股市回暖，结果人人都收获颇丰。可见模糊对待收益时间是多么重要。

当然，模糊时间不等于没有时间，始终要抱着对客户高度负责的态度推介产品，对于那些银行大堂经理自己都不看好的产品最好不要推介，哪怕手续费再高也不能推介。对所有准备推介产品的预期收益时间的宣传，都有一个最好的参照时段，那就是储蓄存款的不同存期。这个办法尤其适用于推介"基金定投产品"。

温馨提示

成功接待客户的技巧

众里寻他千百度——发现客户时要学会用敏锐的眼光。

犹抱琵琶半遮面——第一次与客户沟通时要学会慢慢渗透，不要太直接，避免客户产生误解。

冰冻三尺非一日之寒——建立长期客户关系，需要经常跟客户保持沟通。

一言一行总关情——要把握好语言营销的技巧。

诀

服务客户三步走

客户走进银行间，
询问倾听是关键，
客户细分要准确，
差别服务功能显。

动脑筋

假如你是一名银行大堂经理,得知客户要把大笔资金转入他行,应如何有效应对,并最终把客户留下呢?

(职业规范)

角色扮演

同学们,现在我们来一起学习银行产品的推介吧!

【实训目标】模拟银行大堂经理向客户成功推介银行金融产品的情境。

【实训要求】

组建小组,每4~5人一组,选出一名组长,由组长确定组员的角色和任务要求,分小组开展活动,角色扮演、观察思考后填写实训过程。

【实训内容】

1. 以学习小组为单位，阅读下列文字，从中获取相关信息，回答下面的问题。

某银行"日积月累"系列理财

亮点：短期资金钱生钱，流动性好　赚钱指数：★★★★★

"日积月累"系列理财是某银行推出的超短期人民币理财计划，无固定投资期限，属于非保本浮动收益型理财。

"日积月累"理财计划主要投资于国债、金融债、中央银行票据、银行承兑汇票、债券回购、高信用级别的企业债、公司债、短期融资券、中期票据等。

该理财计划具有如下特点：

（1）超高流动性：每个工作日 9:00 至 15:30 可申购赎回，本金实时到账。

（2）超低风险性：风险极低，投资者理财本金较为安全。

（3）稳定高收益："日计划"客户预期年化投资收益率为 2.10%，是活期存款利率 0.5% 的 4 倍多，且高于 7 天通知存款利率。

（4）申购赎回零费用：无申购、赎回费用。

目前，某银行有两款"日积月累"理财计划，其中"日计划"主要适用于资金闲置时间较短的客户，而"月计划"主要适用于资金闲置时间较长的客户，这两款产品到目前为止均实现了预期收益。

"日积月累"理财计划起点金额一般为 5 万元，机构投资者和个人投资者均可购买。

以"日积月累——日计划"为例，投资者认购份额为 100 万元，持有天数达到 31 天，预期年化收益率为 2.1%，是活期利率的 4 倍多，待到次月收益分配日，投资者将获得收益 1 784 元，较一个月活期存款利息高出 1 359 元。

（1）该理财产品按风险与收益的特征来分，属于哪一类？

（2）该理财产品按委托投资期限来分，属于哪一类？

（3）该理财产品按投资方向来分，属于哪一类？

（4）该理财产品按设计结构来分，属于哪一类？

（5）该理财产品适合哪些人群？

（6）该理财产品有何显著特征？

（7）资料中的"年化收益率"的含义是什么？对于本理财计划，其实际的投资收益应如何计算？

2．以学习小组为单位，由一人扮演银行大堂经理，运用所学方法，向其他人介绍一种理财产品。然后，组里学生轮流扮演银行大堂经理，完成相同的工作。最后，每组推荐一名代表，向其他组介绍某种理财产品。理财产品的相关资料可以到各大银行的官方网站上查找。

【实训过程】

【实训评价】

根据评价要素，将小组对个人的评分及文字评价填写在表4-13、表4-14中。

1．结合表4-13所列项目及标准，对实训1的完成情况进行评价。

表4-13 评价表

评价项目	评价要素 （按要求正确填写相应内容）	分　值	评分及文字评价
对理财产品的分类	划分类别标准是否正确	40分	
分辨理财产品适合的人群	分辨理财产品适合的人群的准确性	20分	
准确说出理财产品的显著特征	准确度	20分	
实际投资收益计算	实际投资收益计算的正确性	20分	
合　计		100分	

2. 结合表 4-14 所列项目及标准，对实训 2 的完成情况进行评价。

表 4-14　评价表

评价项目	评价要素	分　值	评分及文字评价
讨论客户心理需求的变化	是否能准确把握客户心理需求变化的因素	30 分	
讨论内、外资银行在差异化营销方面的不同	是否能准确把握内、外资银行在差异化营销方面的不同点	30 分	
抓住客户心理，实施有效的营销策略，掌握成功的推介方法	能准确分析客户心理特征，并有针对性地实施营销策略，成功推介产品	40 分	
合　　计		100 分	

任务检测

1. 知识检测

（1）填空题
① 根据风险与收益特征划分，银行理财产品可以分为＿＿＿＿＿＿＿、＿＿＿＿＿＿＿。
② 银行理财产品按委托投资期限不同一般可以分为＿＿＿＿＿、＿＿＿＿＿、＿＿＿＿＿、＿＿＿＿＿、＿＿＿＿＿。
③ 银行理财产品按投资方向不同可以分为＿＿＿＿＿、＿＿＿＿＿。
④ 经过多年对客户心理需求的分析，得出客户心理需求有＿＿＿＿＿、＿＿＿＿＿、＿＿＿＿＿、＿＿＿＿＿特征。

（2）简答题
抓住客户心理，实施有效的营销策略，成功推介银行产品的方法有哪些？

2. 牛刀小试

【资料】
北京商贸银行大堂经理钱一文要在熟悉商业银行业务的基础上，通过观察客户办理业务的类型，抓住客户心理，实施有效的营销策略，成功推介银行产品。

【要求】

（1）熟知角色定位与工作内容。

（2）以小组为单位进行专业角色扮演，"银行大堂经理向客户成功推介银行产品"。

（3）填写操作记录。

【操作记录】

_____

_____

_____

_____

_____

_____

（运用新技术提升银行经营业绩）

项目五
营业中事件处理服务

知识目标

掌握处理客户异议和投诉的工作流程；掌握处理各种突发事件的工作流程，保证人员和财产安全；能根据不同情况运用妥善的方法解决争议；初步树立优质服务意识和风险防范意识。

任务一　争议事件处理

任务导入

北京商贸银行西城支行银行大堂经理钱一文要按照《中国银行业营业网点银行大堂经理服务规范》中的基本要求，学会对客户提出的投诉与抱怨等争议事件进行妥善处理，维护银行的良好形象。

工具准备：电话、计算机、银行客户投诉记录表。

职业意识：及时、冷静、快捷、认真负责的工作态度。

知识准备

在每天的银行大堂服务工作中，总会发生一些或大或小的事情，诸如客户因等候时间过长而抱怨、客户加塞导致的争吵等，这就需要银行大堂经理及时出面调解，以避免问题升级，从而减少客户投诉事件的发生。

客户投诉是指客户对产品、服务等产生不满而引起的抱怨。客户投诉是每个银行每天都要面临的问题，大多数客户投诉主要是出于情绪发泄的需求。客户投诉应视为银行资产而不应视为银行负债，高明的银行家应把客户投诉作为银行的重要资源来经营。因此有客户投诉并不可怕，关键是如何面对客户投诉。据调查，客户投诉处理得当可以有 60% 的机会挽留流失的客户，客户投诉处理得当且及时，挽留流失客户的成功率可以达到 90%～95%。经验表明，积极的态度、令人满意的处理结果，往往更容易获得客户的忠诚度。有效地处理客户投诉不但可以帮助银行了解客户需求，改进自身服务，而且对降低客户流失率、提升客户的忠诚度都具有十分重要的意义。

一、询问客户投诉

1. 客户投诉的心理需求

（1）被关心。客户需要受到重视或善待，希望他们接触的人是真正关心他们的要求或能替他们解决问题的人，他们需要被理解和受到设身处地的关心。

（2）被倾听。客户需要公平的待遇，而不是埋怨、否认或找借口，倾听可以针对问题找出解决之道，并可以训练我们远离埋怨、否认和借口。

（3）服务人员专业化。客户需要一个能真正为其解决问题的人，一个不仅知道怎样解决问题，而且负责解决问题的人。

（4）迅速反应。客户需要迅速与彻底的反应，而不是拖延或沉默。客户希望听到"我会优先考虑处理您的问题"或"如果我无法立刻解决您的问题，我会告诉您处理的步骤和时间"。

总之，客户投诉的目的是通过改善现有的产品或服务，获得优质服务，最终使问题得到圆满的解决。处理客户投诉时应先处理"感情"，然后再处理事情。

2. 客户抱怨和投诉的原因

客户在大厅内喧闹抱怨，并尽力引起其他客户声援时，银行大堂服务人员应快步走上前，面带微笑，询问情况，配合引导手势，把客户带离现场。客户抱怨和投诉的原因如下：

（1）银行大堂服务人员工作做得不到位。遇到客户抱怨或投诉时，银行大堂服务人员应面带微笑，将客户引领至 VIP 室隔离，进行安抚。要使用文明用语，态度诚恳，音量要低。

（2）银行大堂设备出现故障。银行大堂服务人员要尽快赶到现场，及时为客户排除故障，并请客户到休息区休息，送上茶水。

> **沟通技巧：参考话术 1**
>
> "我是××支行/分理处银行大堂经理××，受理您的投诉。"
>
> "××先生/女士，无论如何我都先向您表示歉意，您的情况我已记录下来，我这就去核实！请您稍等片刻。"
>
> "我能理解您的感受。"
>
> "谢谢您告诉我这些。"

二、提出解决方案

在收到客户投诉后，负责处理客户投诉的工作人员必须立即以书面、电子邮件或电话的方式联系客户，确认收到有关投诉，提出解决方案，并初步估计所需处理的时间。一般投诉在 1 个工作日内回复，复杂投诉在 5 个工作日内回复。不要把解决方案强加给客户。

> **沟通技巧：参考话术 2**
>
> "您好，我可以帮您解决这个问题，请跟我来。"
> "这种解决方案，不知您是否满意？"
> "我马上安排您优先办理。"
> "请您随我来，我马上为您解决……"
> "给您带来了不便，很抱歉。"

三、为客户解决问题

根据客户投诉类别和情况，银行大堂服务人员应为客户提出解决相应问题的具体措施。向客户说明解决问题所需要的时间及其原因，如果客户不认可或拒绝接受解决方法，应坦诚向客户表明银行所受到的限制。按时限要求及时将需要后台处理的投诉记录传递给相关部门处理。

> **沟通技巧：参考话术 3**
>
> "实在抱歉，××先生/女士，因为××原因，我现在还不能马上给您解决，但我已记录下了您的投诉内容，这是我的名片，我会尽快联系相关人员给您回复，您看行吗？"

四、确认满意，礼貌送别

银行大堂服务人员要确保客户满意，如果客户仍然不满意，则要重新改进方案，并对处理方案进行跟踪核查，确保错误已经得到纠正。

> **沟通技巧：参考话术 4**
>
> "我们会在×小时以内与您联系。"
> "您对我们的解决方式满意吗？"
> "感谢您对我们提出的宝贵意见。"

五、记录处理过程和结果

为了提高服务水平，改进工作中的问题，投诉处理完毕，银行大堂服务人员应及时填写银行客户投诉记录表。所有投诉文件必须登记归档并上报分行及总行客户服务中心，以便日后检查。银行客户投诉记录表如表5-1所示。

表5-1 银行客户投诉记录表

编号

受理时间 年 月 日 时 分 星期	首次受理人及单位
受理形式：来电□ 来函□ 来访□ 传真□ 邮件□ 其他□	首次受理人电话
传递时间及部门	有效投诉□ 特殊投诉□
客户名称	联系电话
投诉反映单位（或反映人）名称	联系电话
投诉内容	
处理单位核实结果（处理意见）	（盖章） 年 月 日
上级服务管理部门的意见	（盖章） 年 月 日
回复客户情况	（盖章） 年 月 日
服务监督电话回访客户情况	年 月 日

角色扮演

> 同学们，现在我们来一次真实演练，一起完成客户投诉的处理吧！

【实训目标】模拟妥善处理客户的投诉。

【实训要求】

客户陈女士投诉，反映其到北京商贸银行西城支行办理医保IC卡密码修改业务，银行大堂经理告知须在柜台办理，待柜台排队排到后，柜员却要求其到柜员机办理。客户表示已排队很久，坚持在柜台办理，柜员便要求客户填写相关表格，客户填完表格并等前一位客户办完业务后又回到柜台继续办理，柜员告知其填写有误，需再一次重新填写。

银行大堂服务人员钱一文受理该客户的投诉，使客户投诉得到圆满解决。

【实训内容】

1. 按职业规范标准迎接客户，认真倾听客户抱怨。
2. 根据客户需求，向客户提出解决方案。
3. 为客户解决问题。
4. 按职业规范标准送别客户。
5. 记录处理过程和结果，填写实训过程。
6. 以上活动均以小组形式呈现。

【实训过程】

_____

_____

_____

_____

_____

_____

_____

【实训评价】

根据评价要素，将小组对个人的评分及文字评价填写在表 5-2 中。

表 5-2 评价表

评价项目	评价要素	分值	评分及文字评价
礼仪规范	是否热情接待	10 分	
	是否态度温和	10 分	
服务用语	迎接语言是否标准	15 分	
	解决争议语言是否规范	20 分	
	送别语言是否标准	15 分	
解决争议	是否能有效控制客户情绪	10 分	
	是否让客户满意	20 分	
合　　计		100 分	

任务检测

1．知识检测

（1）填空题

① 客户投诉的心理需求有＿＿＿＿＿＿、＿＿＿＿＿＿、＿＿＿＿＿＿、＿＿＿＿＿＿。

② 处理客户投诉的步骤有＿＿＿＿＿＿、＿＿＿＿＿＿、＿＿＿＿＿＿、＿＿＿＿＿＿、＿＿＿＿＿＿。

（2）简答题

① 为客户提出解决方案时使用的服务用语有哪些？

② 如果问题不能当场解决，银行大堂服务人员应该怎样做？

2. 牛刀小试

【资料】

有一位打扮时髦的年轻女孩到柜台存 500 元人民币,但是柜员发现其中有一张币值 100 元的人民币是假币,便当面收缴,并且在人民币上加盖了"假币"的戳记。这时女孩怒气冲天,坚持让柜员将假币拿出柜台给她看,但根据规定收缴后的假币是不能再交予持有人的,因此她更加恼火了,在营业大厅大声地吵嚷:"你们是什么银行啊?你们凭什么说是假币?我要找你们银行领导投诉!"

【要求】

(1) 以个人为单位,进行业务实操演练,态度要冷静,语言要诚恳。

(2) 填写操作记录。

【操作记录】

(1) 这位客户在大堂的行为算投诉吗?请说出原因。

_____

_____

_____

_____

(2) 你认为应如何处理该类事件以避免事态恶化升级?

_____

_____

_____

_____

_____

> **动脑筋**
>
> 假如你是一名银行大堂经理，应如何接待怒气冲冲找你投诉的客户？

任务二　突发事件处理

任务导入

北京商贸银行西城支行银行大堂经理钱一文要按照中国银行业协会发布的《中国银行业营业网点服务突发事件应急处理工作指引》中的基本要求，对银行网点中出现的突发事件进行处理。

工具准备：电话、应急处理预案、突发事件处理报告。

职业意识：严谨、细心、防范、风险预警。

知识准备

突发事件处理是指在银行日常服务中，对在事先没有通知、没有征兆的情况下，突然发生的、影响银行经营机构正常运营和对经济秩序有一定破坏力和影响力的事件的处理。突发事件的一般处理步骤如下：

确认突发事件→通知网点负责人→实施应急处理预案→报告服务突发事件。

一、确认突发事件

银行营业网点中可能发生的突发事件有存款挤兑、业务系统故障、火灾、抢劫、网点客流激增、示威围攻网点、客户突发疾病、客户人身伤害、酗酒闹事、干扰他人或不合理占用银行资源的行为、重大失实的媒体报道、其他影响银行正常经营服务的事件。

1. 突发事件的种类

按事件产生或可能产生的危害程度、波及范围、涉及人数、可控性及影响程度、范围等，突发事件可划分为三个级别。突发事件的种类如表 5-3 所示。

表 5-3 突发事件的种类

事件级别	定　义	事件类型
特大服务突发事件（Ⅰ级）	是指可能致使多个营业网点不能正常营业，影响银行正常服务的群体性服务突发事件	营业网点挤兑、多个营业网点受自然灾害破坏、多个营业网点业务系统故障等
重大服务突发事件（Ⅱ级）	是指可能致使单个营业网点不能正常营业，影响银行正常服务，妨碍客户利益的群体性或个体性服务突发事件	单个营业网点受自然灾害破坏、单个营业网点业务系统故障、抢劫客户财产等
较大服务突发事件（Ⅲ级）	是指扰乱单个营业网点正常经营秩序，影响银行正常服务的个体性服务突发事件	客户在营业网点突发疾病、遭受人身伤害、寻衅滋事、客流激增、不合理占用银行服务资源、重大失实信息传播等

2. 突发事件处理原则

（1）行动坚决果断、快速高效原则。

（2）积极稳妥原则。

（3）协调配合原则。

（4）保守国家机密与商业秘密原则。

（银行突发事件防范化解处置典型案例）

> **银行服务中突发事件处理速记口诀**
>
> 预防为主，严密防范；
> 统一指挥，各负其责；
> 快速反应，协同处置；
> 科学决策，依法处置。

二、通知网点负责人

银行大堂服务人员既是网点应急处理的关键实施人，也是网点应急处理的具体实施者，在紧急情况发生时要及时报告网点负责人，或者根据具体情况向银行上级部门及相关执法部门报告。如发生重大火灾、交通事故、爆炸、抢劫等事故，须同时拨打"110""119"报警电话。

三、实施应急处理预案

根据突发事件具体情况，启动相应的单项应急处理预案并进行有针对性的处置，包括组织车辆、救援器材和救援人员实施现场救助，组织人员进行现场劝导和疏散群众，控制局面，组织技术力量恢复系统工作，保持与领导小组的通信，随时将处置情况报告领导小组。

四、报告服务突发事件

发生服务突发事件，营业网点应第一时间向上级或有关部门电话报告，必要时通过传真或电子传输系统等方式报告，提高服务风险防范能力。突发事件应急处理过程中或结束后，对引起媒体关注的事件，应主动做好沟通、协调工作，进行正面舆论引导，降低不良影响，同时稳妥、细致地做好善后工作，恢复营业网点正常营业秩序。

> **报告撰写内容及要求**
>
> 服务突发事件基本情况,包括营业网点名称、地点、时间、原因、性质、涉及金额和人数。
>
> 服务突发事件发生过程、主要危害、客户反应、应对措施、事态发展趋势等其他内容。
>
> 要求内容客观、真实、完整,程序规范。

角色扮演

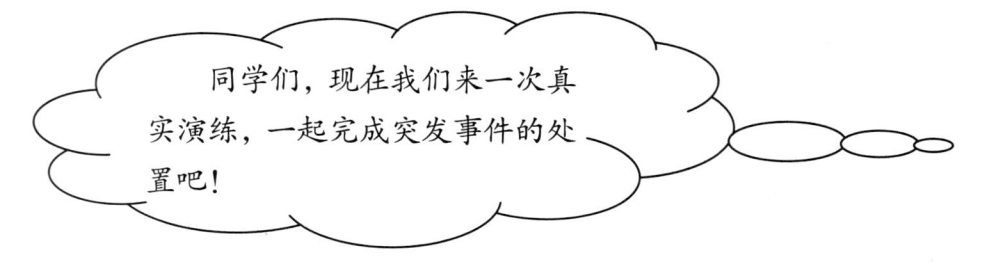

> 同学们,现在我们来一次真实演练,一起完成突发事件的处置吧!

【实训目标】模拟妥善处理突发事件。

【实训要求】

某日银行内客户众多,银行业务系统突然出现故障,无法正常办理业务。客户出现了不满情绪,银行大厅里顿时无比嘈杂。

【实训内容】

1. 确认突发事件类型和具体情况,安抚客户情绪。
2. 通知网点负责人,启动突发事件处理预案。
3. 实施突发事件处理预案,启用备份机。
4. 向客户做出合理解释,争取得到客户谅解。
5. 记录处理过程、结果并填写实训过程。
6. 以上活动均以小组形式呈现。

【实训过程】

项目五 营业中事件处理服务

_____
_____
_____
_____
_____

【实训评价】

根据评价要素,将小组对个人的评分及文字评价填写在表 5-4 中。

表 5-4 评价表

评价项目	评价要素	分 值	评分及文字评价
工作态度	情绪是否镇定	10 分	
	态度是否温和	10 分	
实施预案	处理事件思路是否清晰	15 分	
	处理事件效果是否明显	20 分	
	安抚客户效果是否明显	15 分	
提交报告	报告书写是否规范	10 分	
	报告内容是否清楚	20 分	
合 计		100 分	

任务检测

1．知识检测

（1）填空题

① 按事件产生或可能产生的危害程度、波及范围、涉及人数、可控性及影响程度、范围等，服务突发事件可划分为_____、_____、_____三个级别。

② 突发事件的处理原则是_____、_____、_____、_____。

113

（2）简答题

① 银行服务中突发事件处理的速记口诀是什么？

② 突发事件处理报告的内容和要求主要有哪些？

2. 牛刀小试

【资料】

营业厅中，有一个客户因为排队时间长而情绪激动，作为银行大堂经理的钱一文该怎么做？

【要求】

以个人为单位，进行业务实操演练，要符合实际，处理专业、规范、合理。

【操作记录】

任务三　服务环境及设施维护

任务导入

北京商贸银行西城支行银行大堂经理钱一文在巡视、检查营业环境及员工服务等情况时发现一些问题，及时进行了处理。

工具准备：垃圾桶、自助设备、业务凭证、记录单。

职业意识：观察细心、处理得当。

知识准备

在营业过程中，银行大堂经理要经常巡视、检查营业环境，关注银行大堂各操作区、凭条填写及宣传册摆放区、自助区卫生状况，以及设备运行情况及员工仪容仪表、服务情况，对巡视中发现的问题进行处理。

一、营业环境的维护

1. 室外环境维护

（1）营业厅外部设置醒目的门楣标牌，形象标识制作规范统一，保持清洁、无污渍、无破损。

（2）营业厅外部设置醒目的机构名称牌、营业时间牌、外币兑换标识，制作规范统一，保持清洁、无污渍、无破损，中英文对照；其中营业时间牌区分工作日和节假日、对公业务和对私业务。

（3）对外设置电子宣传屏或宣传橱窗，营业时间正常显示且播放时间、形式、内容符合法律法规及监管规定，无过期宣传内容。

（4）营业厅外部管辖区域环境整洁，无安全隐患，无卫生死角，无杂物摆放，网点外墙、门窗、台阶、地面无损毁，无乱喷涂，无乱张贴，无污渍。特别注意检查有无张贴与本银行无关的广告等。

（5）为客户提供机动车停车位，设置非机动车停车区域及无障碍车位，标识醒目，门前车辆停放有序。

（6）营业厅设置无障碍通道，公示求助电话及呼叫按钮，标示醒目，无安全隐患，通行顺畅，便于使用，体验舒适；无障碍通道坡度小于30°，求助电话或呼叫按钮响应及时。

2．室内环境维护

（1）营业厅内环境干净整洁，客户视线范围内无乱张贴现象，无杂物摆放，无灰尘、污渍、损毁。

（2）营业厅内各区域温度适宜，空气清新，光线明亮，合理摆放绿色植物、花卉，无刺伤危险。

（3）营业时间内各区域呼叫系统及音/视频系统播放音量适中，无嘈杂现象。

（4）营业厅内外设置必要的免责提示标识及图表，制作统一规范，在恰当位置醒目提示，且具人性化。

（5）营业厅内各类物品定位管理，设备机具布线安全、隐蔽、整齐，无安全隐患。

3．便民服务区维护

（1）配备数量充足、整齐干净、舒适宜用的客户等候休息椅，进出通道畅通，设置无障碍客户等候区。

（2）营业厅等候区配备供客户使用的点验钞机，能够正常使用，且摆放在录像监控范围内，点验钞全过程清晰可查。

（3）设置排队叫号机，且运行正常，实现身份识别功能。

（4）配备医药箱（包括创可贴、退热贴、碘酒、纱布等）、胶棒、剪刀、老花镜、笔、双面胶等物品，放置适当，摆放有序，方便使用，保持整洁，无安全隐患。

（5）配备便于客户使用的饮水机、一次性水杯，干净卫生，数量充足；加热饮水机标注"小心烫伤"提示标识。

（6）便民区设置碎纸机，及时清理碎纸，方便客户使用，保护客户信息安全。

（7）在营业厅内为客户提供无线上网服务，标识醒目，操作便捷，风险提示及客户隐私保护措施到位。

（8）公示业务咨询及投诉热线电话，以公示栏的方式提示周边区域本行营业网点的地址及联系电话。

（9）向客户提供常办业务简介、风险提示等，内容包括所需证件、办理渠道、流程及范围等必要的手续提示。

> **温馨提示**
>
> 有的客户到银行办理业务时会带着小孩，因为孩子小，比较好奇，可能会单独跑到点钞机旁玩耍，此时银行大堂人员要加强看管，避免孩子触碰点钞机，造成伤害事件。

4. 营业环境设置

（1）在个人金融服务区公示营业执照及金融许可证。

（2）设置现金窗口、非现金窗口、贵宾及外汇业务服务窗口。未使用的窗口设置遮挡帘。

（3）设置快速业务办理营业窗口、爱心窗口及涉外服务窗口，标识醒目，便于引导。

（4）营业窗口、柜台之间设置遮挡板，窗口与等候区之间设置一米线，形成相对独立的客户办理业务区域。

（5）营业窗口玻璃干净整洁，通透明亮，无污渍、无乱张贴；整合相关提示牌摆放，可公示和发布信息咨询。

（6）营业窗口、柜员工作台面机具布线安全、隐蔽、整齐；各类物品定位管理，客户视线范围内无私人物品。

（7）营业窗口配备客户座椅，客户使用体验舒适。

（8）营业窗口语言对讲装置工作正常，通话音量适中，柜员点钞机显示清晰、无遮挡。

（9）设置填单台及电子填单设备，令客户使用体验舒适，并设置常用业务填单模板，空白凭条齐全，业务用途明确，摆放有序，数量达到储存单格的 1/3 以上，便于取用。

（10）营业厅内明显位置摆放中英文对照的客户意见簿，格式规范，页码连续。

（11）营业厅明显位置设置便于客户使用的直播客服电话，标识醒目，中英文双语服务，明示操作流程图。

（12）营业厅水、电、气、火等方面无安全隐患，配备灭火器等消防设施，符合消防要求。

二、单证物品的准备

检查供客户使用的各种单据、凭证、凭条及书写文具是否齐全，向客户介绍银行业务和金融知识的宣传手册（见图 5-1）是否充足，如果不够，要及时补充。

图 5-1　宣传手册

三、自助设备的检查

自助设备经过 20 多年的发展，已成为客户办理银行业务的重要渠道之一。ATM 机是最常见的易出故障的设备，原因主要有银行系统维护、钱在机器中卡住、单次存入钞票数量过多等。在使用过程中，有不法分子采取各种手段使得自助取款机发生意外。

常见人为的设备故障如下：

（1）加装读卡器和摄像装置，盗取客户银行卡磁条信息和密码，通过克隆客户卡片的方式盗取客户银行卡资金。

（2）张贴虚假告示并伪造自助设备故障，待客户拨打告示上的电话时，以银行工作人员的身份要求客户告知卡号及密码，或者以保证客户资金安全为由，让客户向指定账户转账，骗取客户资金。

（3）封堵出钞口，造成自助设备无法出钞的假象，待客户误以为设备出现故障而离开或寻找银行工作人员之际，取出卡在出钞口内的钞票。

（4）趁客户办理业务时，偷窥客户密码，待客户业务办理完成尚未取卡之际，以地上掉钱为由，调包银行卡，而后盗取客户资金。

（5）对自助设备进行打、砸、切割等破坏，这种破坏手段主要存在于业务发展初期，目前很少发生。

四、仪容仪表的监督

银行大堂经理要对员工的仪容仪表和工作态度进行检查，发挥内部监督的作用，营造良好的业务氛围，为客户提供热情的服务。

（银行网点转型）

角色扮演

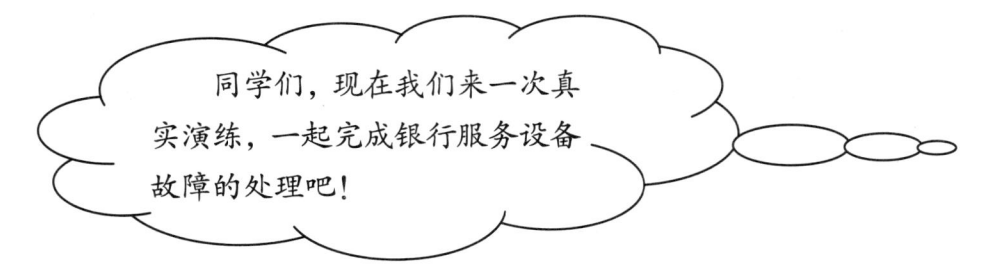

> 同学们，现在我们来一次真实演练，一起完成银行服务设备故障的处理吧！

【实训目标】模拟处置银行服务设施故障。

【实训要求】

某日，客户林女士的银行卡被 ATM 机误吞了，银行大堂经理钱一文帮助林女士处理此事。

【实训内容】

1. 确认银行自助取款机出现故障，安抚客户情绪。
2. 要求客户出示有效身份证件。
3. 核实客户身份和信息。

4．将被吞的卡还给客户。

5．记录处理过程、结果并填写实训过程。

6．以上活动成果均以小组形式呈现。

【实训过程】

【实训评价】

根据评价要素，将小组对个人的评分及文字评价填写在表 5-5 中。

表 5-5 评价表

评价项目	评价要素	分　值	评分及文字评价
工作态度	情绪是否镇定	10 分	
	态度是否温和	10 分	
解决问题	处理事件的思路是否清晰	15 分	
	处理事件的效果是否明显	20 分	
	安抚客户的效果是否明显	15 分	
服务用语	服务用语是否规范	10 分	
	语言表达是否清楚	20 分	
合　　计		100 分	

任务检测

1. 知识检测

（1）填空题

① 营业环境的维护从_____、_____、_____进行。

② 营业窗口、柜台之间设置_____，窗口与等候区之间设置_____，形成相对独立的客户办理业务区域。

（2）简答题

① 银行大堂便民服务区一般应配备哪些设施设备和服务用品？

_____

_____

_____

② 自助取款机可能有哪些人为故障？

_____

_____

_____

2. 牛刀小试

【资料】

案例：诈骗"告示"随便贴，储户被骗、银行担责

苏州的蒋先生遭遇 ATM 取款机诈骗，他先是碰上机器故障，然后拨打了 A 银行的客服电话，但无人接听，接着拨打了骗子贴在 A 银行 ATM 取款机上的"告示"，他告诉了对方卡号和密码。原来，这台 ATM 机上方虽然装有 A 银行的监视器，但未能发现骗子张贴的告示，而在蒋先生报案后的第二天，骗子所张贴的告示仍在 A 银行的 ATM 机上。

蒋先生将这家银行告上法庭，并获得法律支持——银行被判赔偿原告 30%的经

济损失。

【要求】

请分析法院判银行赔偿蒋先生 30%的经济损失的理由,填写操作记录。

【操作记录】

拓展阅读

中国银行为使文明优质服务在全行员工中持之以恒地落实下去,根据中国银行业协会有关服务工作制度,在全行员工中广泛推广"一热、二快、三声、四有、五先、六不、七心、八一样"服务标准。

一热:热情接待每一位客户。

二快:办理业务快,查找信息快。

三声:客户来有迎声,问有答声,走有送声。

四有:有服务公约,有便民措施,有宣传栏,有意见簿。

五先:老人优先,残疾人优先,带小孩优先,孕妇优先,军人优先。

六不:不刁难客户,不与客户争吵,不私自借用,不任意冻结,不随意查询,不擅自离岗。

七心：对客户热心，操作细心，解释耐心，接受意见虚心，受到挫折不灰心，战胜困难有决心，完成任务有信心。

八一样：存款取款一样欢迎，零币整币一样接待，大额小额一样办理，忙时闲时一样认真，假日平时一样服务，生人熟人一样亲切，大人小孩一样热情，表扬批评一样诚恳。

项目六

营业后信息与环境处理

知识目标

熟知银行客户信息的来源渠道;掌握收集、汇总银行服务信息的方法;熟悉设备整理的业务知识、业务技能;学会撰写简单的银行信息分析报告;学会向上级反映情况的方法;初步树立让客户满意的服务意识,培养科学严谨、精益求精的工匠精神。

任务一　客户信息收集

在激烈的市场竞争环境下，客户是银行生存的命脉，客户信息是银行珍贵的资产。作为一名银行大堂经理，在做好日常接待和引导营销的同时，还要关注客户对银行服务的反应，学会在每日的工作中不断地发现问题、分析问题，收集客户反馈的服务信息并进行汇总分析，有效提取和分析客户资料，为银行决策提供依据。

任务导入

北京商贸银行高级银行大堂经理王明在银行日常工作过程中，注重收集客户服务信息，了解客户的需求和发现银行工作的不足，有效地汇总和分析这些信息，为相关部门提出改进措施，以便为客户提供更优质的银行服务，改善和提高银行的工作效率和质量。

工具准备：客户评价器、优质客户信息记录表、意见簿。

职业意识：专业、规范、快捷、有效。

知识准备

银行大堂经理在处理日常事务过程中，需要在服务中不断地发现问题、分析问题，为银行管理层提供必要的改善服务或提升服务质量的信息，从而提高银行的美誉度。

一、客户信息的内涵

客户信息是企业一切交易活动的源泉。要想实现客户信息利用的最大化和最优化，就必须根据客户信息的特点，进行科学的客户信息管理。

客户信息包括对银行有价值的客户喜好、客户需求、客户购买行为等与客户相关的一切资料。它可以通过文字、声音等形式表示。客户信息管理的目标是增加银行收入，开拓新市场和渠道，以及提高客户满意度和忠诚度等。

二、客户信息的分类

1. 客户基本情况类信息

客户基本情况类信息如表 6-1 所示。

表 6-1　客户基本情况类信息

信 息 分 类	详 细 资 料
个人客户信息	姓名、地址、性别、年龄、联系方式、家庭住址、职业、收入、婚姻状况、家庭成员等
企业客户信息	公司名称、注册地址、联系电话、传真、公司法定代表人姓名及联系方式、公司联系人姓名及联系方式、公司所处行业、注册资金、员工总数、销售收入、利润等

2. 客户相关联类信息

客户相关联类信息如表 6-2 所示。

表 6-2　客户相关联类信息

信 息 分 类	详 细 资 料
个人客户信息	生活方式、兴趣爱好、消费习惯、对银行的满意度和忠诚度等
企业客户信息	对银行新产品的态度、对银行产品营销的反应、对银行的满意度和忠诚度等

三、银行大堂服务信息的收集

收集银行大堂服务信息是银行大堂服务人员的重要工作之一，不能在一天营业结束再去获取，而应在一天的营业过程中不断收集信息，才能更好、更有效地提高银行的服务质量，为客户提供更优质的服务。收集银行大堂服务信息需要借助一些信息收集工具和运用一系列收集方法。

1. 信息收集工具

银行大堂服务人员可以通过客户评价器、客户意见簿、设备检查表、投诉记录报表、调查问卷及银行大堂人员的工作日志，获得客户对银行大堂服务质量评价的信息。

1）客户评价器

追求客户价值最大化是现代商业银行经营思想的核心内容。提升客户满意度不能仅靠道德的作用，而是要通过制度或手段来约束所有的人员，让服务客户的理念能深入到每一位工作人员的心中，只有这样才能真正有效地提升客户满意度。目前，根据银行营业网点的实际需要，推出了"客户评价综合管理系统"。通过在营业网点建立直接客观的客户评价系统，让企业能更了解自己的客户，弥补自身不足，挖掘潜在需求，推出更贴心的服务，同时也让以"客户满意"为中心的服务理念深入每一位员工的心中。

工具

客户评价器

客户评价器又称客户评价对讲机，用于银行柜台窗口内外双向对讲时客户对柜员的服务态度进行评价，评价的数据自动记录，可作为对柜员的工作考核依据，如图 6-1 所示。其功能说明如下：

- 接受客户综合评价。评分等级分为满意、基本满意、不满意三个等级。
- 防重复及恶意评价保护，评价终端只接受该客户一次评价结果。
- 客户评价器上显示柜员的信息，包括照片和工号，是对银行柜员实时评价最有效的方式。
- 代表柜员星级（分为 1~5 星柜员），通过客户综合评价，评定员工的星级。
- 进行客户流量统计和活动业务办理效率的数据统计。例如，客户在办理业务时按"开始"键，办理结束时按"结束"键，由此得到业务量及受理时间等相关数据。

图 6-1　客户评价器

2）客户意见簿

为进一步改进银行工作，提升银行服务质量，银行大堂专门为客户提供了客户意见区，设置了客户意见簿，如图 6-2 所示。客户意见簿是专门供客户填写意见和建议的记录本。银行大堂经理要随时留意客户在意见簿上的记录，以便能随时解决客户的问题，客户投诉必须在 3 日内予以答复。

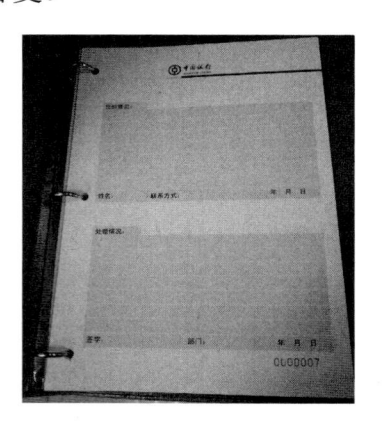

图 6-2 客户意见簿

工具

客户意见簿

客户将对银行服务、设施等各方面的意见、建议记录下来，银行大堂经理要随时留意客户在意见簿上的记录，以便及时解决客户的问题，加速对相关信息的处理。北京商贸银行客户意见簿如表 6-3 所示。

表6-3 北京商贸银行客户意见簿

日　　期		年　月　日　星期	
客户姓名		联系电话	
接待柜员工号			
您对我们的工作有何意见：			
您对我们的工作有何建议：			
值班经理回复：			

工具

投诉记录表

投诉记录表记录客户投诉的内容及相关处理意见,如表 6-4 所示。银行对客户的投诉必须在 3 天内给予答复。随着时间的推移,银行基本上都用客户意见簿代替了投诉记录表。

表 6-4 投诉记录表

客户姓名			登记日期	年　月　日
联系地址			联系电话	
登记类别	投诉□	建议□		表扬□
意见陈述				
处理回复意见	是否已处理		是□	否□
处理人姓名			处理时间	年　月　日
客户回访意见				
值班经理签字				

3) 设备检查表

银行大堂经理可以根据设备检查表(见表 6-5)了解银行设备的使用状况及存在的问题,以便及时维修,保证客户正常使用。

表 6-5 设备检查表

被检查网点:　　　　　　　　　　　　　　　　　　　　　　　　检查时间:

网点所有设备运行是否正常,是否定期进行清洁	
网点是否有设备报修台账	
网点及 ATM 加钞间监控是否有盲区	
网点和 ATM 监控全部摄像头是否清晰	
网点及 ATM 加钞间是否整洁,设备是否定期进行清洁	
ATM 内置摄像头是否清晰	

续表

ATM 加钞处是否有内置摄像头，能否看到加钞详细信息	
ATM 自助机是否在维修保养期，质量是否良好	
ATM 自助机运行维护台账是否详细记录	
终端、打印机、网络设备、监控设备是否能接入 UPS 电源	
硬盘录像机资料保存是否达到 24 小时/天×30 天	
离行式 ATM 硬盘录像机资料保存是否达到 24 小时/天×90 天	
硬盘录像机设备运行情况如何	
支行长是否把安全运行年考核指标落实到人	
对已经发生差错的责任人的整改措施是否到位	
支行安全运行年的弱项是什么，正在采取什么措施	
支行对安全运行年政策是否宣贯到每位员工	
支行对安全运行年是否有好的建议	
网银终端是否正常使用	
支行长自助设备巡检是否履职	
现金区是否有图形终端，与打印机连接是否正常	
对网点提出整改建议：	

检查人签字　　　　　　　　　　　　　　　　　　　　被检查单位负责人签字

2. 信息收集方法

作为银行大堂服务人员，需要获得的服务信息有：各类自助设备的使用情况、各类自助渠道推荐情况、金融产品销售情况、销售工作中出现的问题、银行大堂秩序的维护情况、客户对银行产品的建议、客户对服务的建议和意见等。这些信息可以通过客户评价器、客户意见簿、投诉记录表、设备检查表及工作日志等获得。

收集客户资料的方法有很多，在具体运用时，可根据实际情况选取，也可几种方法综合运用，以达到取得最客观、最有价值资料的目的。

1）问卷调查法

问卷调查法是指通过客户填写问卷收集客户资料的一种方法。可以通过纸质问卷或发布电子问卷，以了解客户对银行产品和服务的需求及其满意程度，有利于银行新产品的研发，提高银行服务水平。

银行业满意度调查问卷

尊敬的客户：

　　您好！我们正在做一次问卷调查。现在，请您仔细填写以下调查问卷，您反映的情况我们会认真分析、总结、反思、提升。

感谢您的配合！
年　月　日

1. 请问您之前是否接受过关于银行业的调查？（　　）
   A. 是　　　　　　　　B. 否
2. 您的性别是（　　）。
   A. 男　　　　　　　　B. 女
3. 您的职业是（　　）。
   A. 学生　　　B. 工作人员　　　C. 退休人员　　　D. 其他
4. 您的年龄是（　　）。
   A. 12～18 岁　　B. 19～30 岁　　C. 30～45 岁　　D. 45 岁以上
5. 您对北京市哪个银行的整体印象最好？（　　）
6. 您觉得北京市哪个银行的工作人员服务态度最好？（　　）
7. 您对哪个银行的工作人员的专业知识最满意？（　　）
8. 您觉得哪个银行的工作人员能最快理解您所描述的问题？（　　）
9. 您觉得哪个银行的工作效率最高、办理业务速度最快？（　　）
10. 您觉得哪个银行的工作人员的沟通技巧最好？（　　）
11. 您觉得哪个银行处理投诉事件用时最少？（　　）
12. 您觉得哪个银行的服务质量最好？（　　）
13. 您觉得哪个银行处理投诉事件最令您满意？（　　）
14. 您觉得哪个银行的宣传材料最好？（　　）
15. 您觉得哪个银行的工作人员的仪表仪容最好？（　　）

以上 5～15 题从下面选项中选择您认为最合适的一项。
　A. 中国农业银行　　　　B. 中国建设银行　　　　C. 中国交通银行
　D. 邮政储蓄　　　　　　E. 中信银行　　　　　　F. 中国工商银行
　G. 中国银行　　　　　　H. 华夏银行　　　　　　I. 北京银行

16. 您办理的主要业务有哪些？（多选题）（　　　　　　　）
   A. 定期存款　　　　B. 活期存款　　　　C. 贷款
   D. 证券投资　　　　E. 担保业务　　　　F. 电子银行业务
   G. 缴水电费、电话费等　　H. 基金分红　　I. 手机银行
17. 您是否使用银行卡购物？（　　）
   A. 是　　　　　　　B. 否

感谢您的配合！祝您生活愉快！

2）行为观察法

行为观察法是指银行大堂服务人员直接或借助仪器现场观察客户的行为并加以记录而获取资料的一种方法。这种方法比较客观地记录了客户整个行为过程，获得的资料完整性和准确性都比较高。

3）客户讨论法

客户讨论法是指银行大堂经理寻找 8～12 名具有代表性的客户，把他们集中起来讨论银行的相关问题，从而获取所需资料的一种方法。

除了通过上述方式直接获取所需要的银行服务信息外，更多的还需要银行大堂服务人员的仔细观察。

此外，还可以通过某种介质间接获得信息，如通过书刊、报纸、电视、计算机获得各种信息。当然，不是随便一条信息都是有用的。一般来说，需要的信息往往具备以下几个属性：综合性、准确性和时效性。

角色扮演

> 同学们，现在让我们来收集、整理、分析客户的服务信息吧！

【实训目标】收集客户服务信息。

银行大堂经理钱一文用所学的信息收集方法收集当天的服务信息。

1．客户登记簿

（1）客户1：银行大堂卫生环境差，特别在人多时，填写凭证的平台上有废弃的凭证，没人收拾。

（2）客户2：排队时间太长了，没地方等待，有的人办完业务不走，占着座位。

（3）客户3：自助设备坏了也没人修。

（4）客户4：柜员服务质量太差。

2．设备检查表

自助设备有2台已坏，联系厂家维修，2天后才能到行维修。

3．工作日志

（1）今日客户量很大，柜员2号、4号与客户发生争执，当时已给客户致歉。了解情况：所需业务的资料，客户未带齐，但仍坚持办理，导致发生言语冲突。

（2）2台自助设备无法正常使用，导致银行大堂的客户量剧增。

【实训要求】

1．指出信息来源的工具有哪些？

2．指出信息的收集方法是什么？

3．学会填写设备检查表。

4．能够指导客户填写调查问卷。

【实训内容】

1．组建小组，每4~5人为一组，选出一名组长，由组长确定组员任务和工作进度的安排，分小组开展活动，认真观察思考后填写实训过程。

2．实地观察你家附近的银行大堂，选取2~3家，尽可能拍照、录视频，如不允许，可在室外拍照后做好笔记，分析银行大堂关于客户信息采集设备设施布置的情况，找出优点及其存在的问题，提出改进的措施。

【实训过程】

【实训评价】

根据评价要素，将小组对个人的评分及文字评价填写在表6-6中。

表6-6 评价表

评价项目	评价要素	分 值	评分及文字评价
收集银行大堂服务信息	是否正确指出收集信息的工具	10 分	
	运用的收集方法是否合理、有效	10 分	
整理银行大堂服务信息	汇总信息的方法是否选择正确	15 分	
	信息汇总是否齐全	25 分	
分析银行大堂服务信息	信息分析的方法是否合理	20 分	
	信息分析是否准确	20 分	
合 计		100 分	

任务检测

1. 知识检测

（1）填空题

① 客户信息收集工具有＿＿＿＿、＿＿＿＿和＿＿＿＿等。

② 客户信息收集方法为＿＿＿＿、＿＿＿＿和＿＿＿＿。

③ 客户对银行的评价属于＿＿＿＿信息类型。

④ 整理客户信息的步骤为＿＿＿＿、＿＿＿＿和＿＿＿＿。

（2）简答题

① 银行大堂服务信息的来源渠道有哪些？

② 客户信息汇总有哪些环节？

2. 牛刀小试

【资料1】

北京商贸银行大堂服务人员佟毕为了提高自己收集信息的能力，试从网上收集整理信息。

【要求】

（1）通过网络收集有关银行大堂服务中客户满意度低的事项，提炼出现频率最高的事项。

（2）分析银行客户满意度低的事项的原因，尝试提出改进建议。

【操作记录】

_____

_____

_____

_____

_____

_____

_____

【资料2】

北京商贸银行大堂服务人员张莉已经做银行大堂经理几年了，对于每日必须参加的早例会有些懈怠，总是心不在焉，晚上下班前高级银行大堂经理王明找她谈心，她认为现在的客户信息记录表有些陈旧过时，王明请她进行修改设计。

【要求】

（1）请你为本行设计一份"已识别优质客户信息记录表"。

（2）抽取本班1/3同学做优质客户，进行信息收集并填写"已识别优质客户信息记录表"。

（3）利用Excel进行优质客户信息汇总。

（4）填写操作记录。

【操作记录】

_____
_____
_____
_____
_____
_____
_____

任务二　客户信息反馈

银行大堂服务人员经过分析后得到的信息既有客户提供的合理化建议，也有反映银行问题的意见，为此须将这些内容进行合理分类，对于客户提出需要反馈的信息应及时与客户取得联系，妥善解决，从而提高银行声誉。

任务导入

北京商贸银行大堂经理张莉对客户意见汇总分类后，按照客户留下的联系方式与客户进行沟通。

工具准备：意见簿。

职业意识：专业、快捷。

知识准备

"客户就是上帝"，这是服务行业中常流传的一句话。银行大堂就是银行与客户联系的窗口，为了更好地提升银行的服务质量，除了提升银行工作人员的素质外，还要关注客户对银行的评价。

一、明确客户投诉

当发现客户抱怨时，银行大堂经理要及时予以安抚、解释，并表示歉意，尽量不使客户的抱怨上升为投诉。而当客户将意见写在客户意见簿上时，则表明其抱怨的事项未得到处理或对处理的结果不满意。当然，不是所有客户意见簿上所记录的投诉都是有意义的，作为银行大堂经理在汇总相关客户投诉信息时，要能够甄别客户意见的类型，明确客户投诉的原因，如表 6-7 所示。

表 6-7 客户投诉原因

客户投诉原因类型	表 现 形 态
对服务效率不满	由于柜员在为客户服务时出现操作失误或服务效率低，导致客户产生不满情绪
对营业环境不满	客户对银行大堂内的营业环境感到不适，导致不满情绪
对服务态度不满	银行大堂内服务人员缺失相应的礼貌，导致客户产生不满情绪

银行"以客户为中心"的服务理念，要求银行员工对客户的投诉要"零容忍"。因此，在了解客户投诉原因的同时，银行大堂经理还要研究客户投诉的心理，正确对待客户投诉的问题，才能提高银行服务能力及其服务水平，进而更好地解决问题，树立银行良好的社会形象。

1．客户投诉心理分类

客户投诉心理主要有以下几种。

（1）"公益"投诉：投诉人并非当事人，而是旁观者。常有"路见不平拔刀相助"之势。看到客户排队，觉得不妥要投诉；看到态度不好，觉得不妥要投诉；看到环境不净，觉得不妥要投诉；看到设备故障，觉得不妥要投诉。

这类客户关注银行服务行业的发展，出发点是为了方便百姓，构建和谐社会。

（2）"诉求"投诉：这类投诉人性格偏激，易发怒，处理问题常以自我为中心，得理不让人。这类投诉的原因归纳起来有以下几种：因工作人员服务造成客户资金有损；因系统网络故障影响客户正常存取款；因工作人员疏导不利导致客户等候时间过长；因制度问题未能灵活运用造成客户未能正常办理业务等。

这类客户一定会让银行给其满意的解决才肯完结。

（3）"碰瓷"投诉：银行的"零容忍"导致一些专门钻银行服务制度空子的人投

诉。抓住银行怕负面报道的心理，索要赔偿，不满足其高额的赔偿要求就没完没了，甚至动用媒体一起"碰瓷"。有的甚至找到高层人物在幕后操纵，以增加解决问题的难度。

这类客户善于调动和利用其他无关人员的情绪，扩大影响面，制造事端。

2. 客户投诉心理及服务对策

客户投诉心理及服务对策，如表6-8所示。

表6-8 客户投诉心理及服务对策

客户投诉心理	服 务 对 策
"公益"投诉	多沟通，提高服务质量
"诉求"投诉	换位思考，灵活处理
"碰瓷"投诉	快刀斩乱麻、速战速决；坚持原则、不卑不亢

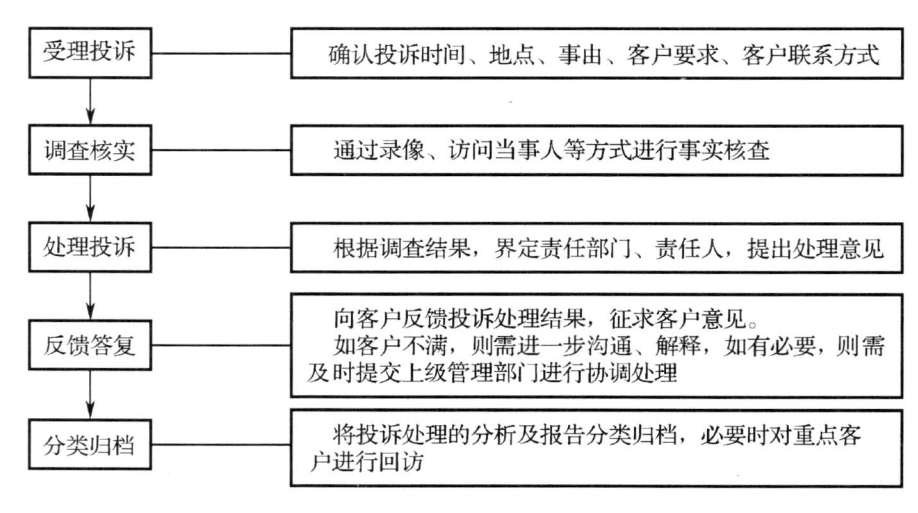

二、处理客户投诉

1. 处理客户投诉的流程

及时有效地处理客户投诉是非常必要的，否则不但未能解决当前的问题，有甚者会激怒客户，造成深层的、不必要的投诉。处理客户投诉的流程如图6-3所示。

```
受理投诉 —— 确认投诉时间、地点、事由、客户要求、客户联系方式
   ↓
调查核实 —— 通过录像、访问当事人等方式进行事实核查
   ↓
处理投诉 —— 根据调查结果，界定责任部门、责任人，提出处理意见
   ↓
反馈答复 —— 向客户反馈投诉处理结果，征求客户意见。
           如客户不满，则需进一步沟通、解释，如有必要，则需
           及时提交上级管理部门进行协调处理
   ↓
分类归档 —— 将投诉处理的分析及报告分类归档，必要时对重点客
           户进行回访
```

图6-3 处理客户投诉的流程

2. 处理客户投诉的原则

（1）"首问责任制"原则。第一时间接待投诉者，应先受理、后处理，尽可能地减少中间环节，注重时效。

（2）"谁的客户谁负责"原则。与客户投诉内容相关的部门应主动承担和处理投诉，不推诿、不扯皮，依据有关政策和规章制度，坚持实事求是，公平合理，最大限度满足客户的正当需求。

（3）"公开透明、及时规范"原则。公开客户投诉处理办法，使客户清楚了解投诉程序、渠道、方法及预计处理时间，行内相关工作人员应熟悉本机构处理投诉的流程及相关规定。

（4）"信息保密、资料保存完整"原则。在投诉处理过程中，加强对投诉客户身份和投诉资料的保密和保管，避免损害投诉客户和银行的利益。受理投诉的所有记录及有关资料均需保存完整，建档、归档，以备查阅。

（5）"总结与改进"原则。分析客户投诉内容，积极改进银行产品、流程及经营管理等方面存在的问题。

（6）"投诉责任及回复客户满意率与绩效挂钩"原则。应以认真积极的态度调查处理投诉，将调查和处理结果回复客户时应使客户满意，将客户投诉属于我方责任、回复客户满意率及处理的时限和日常管理等项工作与单位、员工的绩效考核挂钩。

3. 处理客户投诉的技巧

（1）及时处理。

① 当面投诉：平息客户怒火，及时处理投诉。

② 客服反馈：3日内处理客户投诉，态度温和。

（2）认真倾听。

① 面对面沟通：专心倾听客户讲述，认可、理解客户投诉。

② 电话沟通：安抚客户情绪，耐心倾听讲述。

（3）引导客户转移思考。安抚客户，转移思考方向。

（4）微笑面对。避免与客户争论，微笑面对客户，保持客观态度。

（5）感谢客户。对客户表示诚恳的感谢。

4. 客户投诉的处理

（1）从接到客户投诉到回复客户（含回复转来部门）：一般投诉（工作失误、服务态度、内部管理）3个工作日内完成，复杂投诉（服务产品、服务渠道、违规操作）7~10个工作日完成。

（2）对工作失误、服务态度、内部管理等问题引起的投诉，被投诉单位要迅速调查了解情况，确属我行责任的，被投诉单位和当事人应主动向客户道歉，取得客户的谅解，并对当事人进行批评教育和酌情处理。给客户造成经济损失的，应按有关政策规定给予赔偿。具体有如下几种。客户投诉类型及处理方法如表6-9所示。

表6-9 客户投诉类型及处理方法

投诉类型	处理方法
因服务产品、服务渠道问题引起的投诉	以产品管理、渠道管理部门为主，在当事行（部门）协助下做好处理工作，要认真倾听客户意见，属于权限外的，向客户耐心解释，并积极向上级反映
因违规操作问题引起的投诉	由相关部门界定违规性质，做出处理意见
因经济问题引起的投诉	首先由相关部门界定是否违法，若没有违法，做出相应的更正及处罚；若属于金融犯罪，则由受理部门及时转交被举报单位的监察部门调查核实
因服务质量问题引起的投诉	属于善意投诉的，被投诉单位要认真查实，改进工作，备案留存；属于恶意投诉的，要分析具体情况，有理有节妥善处理，维护银行声誉

角色扮演

> 同学们，现在我们一起来处理客户投诉吧！

【实训目标】模拟处理客户投诉。

王阿姨是退休人员，每天和老伴过着平静而有规律的生活。她每月月初都会到银行查询和打印工资存折。然而，王阿姨每次去银行，银行的客户都特别多，每次都要等1个多小时，而且连坐的地方都没有。王阿姨上了年纪，膝盖不好，但为了办理业务，她也只能站在银行大厅里等着叫号。每次回到家，腿都肿了。王阿姨的儿子将此问题写在了客户意见簿上。

【实训要求】

1．王阿姨的儿子提出此投诉的原因是什么？
2．此投诉人的投诉心理是什么？
3．应在何时以何种方式给予投诉人反馈？
4．针对此问题，应如何进行改善？

【实训内容】

1. 组建小组，每 4~5 人为一组，选出一名组长，由组长确定组员任务和工作进度的安排，分小组开展活动，认真观察思考后填写实训过程。

2. 处理好王阿姨儿子投诉的事件。

【实训过程】

_____

_____

_____

_____

_____

_____

_____

_____

【实训评价】

根据评价要素，将小组对个人的评分及文字评价填写在表 6-10 中。

表 6-10 评价表

评价项目	评价要素	分值	评分及文字评价
明确客户投诉	是否明确客户投诉的原因	20 分	
	是否真正了解客户投诉心理	30 分	
处理客户投诉	是否遵循客户投诉原则	20 分	
	是否按照客户投诉流程处理客户投诉	30 分	
合计		100 分	

任务检测

1. 知识检测

（1）填空题

① 客户投诉心理的类型分为_____、_____和_____。

② 处理客户投诉的流程：_____、_____、_____、_____和_____。

（2）简答题

① 客户投诉的原因有哪些？

_____

_____

_____

② 处理客户投诉的技巧有哪些？

_____

_____

_____

2. 牛刀小试

【资料】

收集一家银行客户意见簿上的意见，并进行归类。

【要求】

针对两项意见最多的事项进行模拟处理。

【操作记录】

_____

_____

_____

_____

_____

任务三　环境与信息汇报

银行营业结束后，银行大堂经理要按照行业规范做好银行营业结束前的环境设施整理工作，同时对有价值的信息进行收集和整理后，经过认真遴选以适当的方式汇报给相关部门领导，从而改善并提高银行的服务效率。

任务导入

北京商贸银行大堂经理张莉在银行营业结束后，要检查并清理银行大堂设备，向行领导做班后汇报，最后关闭电子显示屏和饮水机等设备的电源、锁好门窗方能下班。

工具准备：碎纸机、银行大堂日志、银行分析报告、工作汇报 PPT。

职业意识：专业、规范、有效。

知识准备

银行大堂经理既要当好信息收集员，利用银行大堂服务阵地，广泛收集市场信息和客户信息，充分挖掘重点客户资源，记录重点客户服务信息，用适当的方式与重点客户建立长期稳定的关系，又要当好环境清洁员，保持银行内外部营业环境的整洁。

一、环境与信息整理

项目一中已经知晓银行环境包括内外部两方面内容，银行大堂服务人员要在日常工作中随时检查银行内外部环境，即银行大堂内是否按要求配齐服务设施、设施是否损坏、修理进度如何，银行门前是否有乱停乱放的自行车、有无乱摆的地摊等，然后根据实际情况及时进行调整，同时在一天的营业结束后还要做好银行信息、银行设备的整理工作。

1. 银行信息整理的内容

银行大堂服务人员每天都会收集到大量的银行大堂服务信息，其中不乏有一些无效的甚至会起到误导作用的信息，这就需要银行大堂经理运用科学的方法对这些信息进行分门别类的整理，才能提供给相关部门进一步研究改进措施，从而改善和提高银行对客户的服务质量。

工作日志记录了银行大堂经理一天的工作内容，包括柜员的服务情况、银行大堂的设备情况、客户的情况及一天的突发状况等。工作日志是从银行大堂服务人员的视角对银行一天的营业情况进行汇总。

（1）银行信息整理的内容如下：

① 负责每日有关服务质量、内部协作水平的数据统计，提交理财中心负责人。其主要包括每位客户经理接待的优质客户数量，银行大堂经理、现金柜员/非现金柜员识别出的优质客户数量，理财中心接到的投诉案件数量等，并将有关情况记录在前述的"已识别优质客户信息记录表"上。

② 收集银行大堂经理和柜员当日的"已识别优质客户信息记录表"，递交支行长签字确认。

③ 统计当日理财中心业务流量，供理财中心负责人进行人力资源调整和业务改进。

④ 其他日常事务。

（2）银行信息整理的步骤如表 6-11 所示。

表 6-11 银行信息整理的步骤

步　　骤	具　体　内　容
鉴别信息	将收集的信息一一鉴别，对于无实际价值的资料，一律予以剔除
归类信息	按类别将信息归类
整理信息	将各类信息进行归纳总结

工具

已识别优质客户信息记录表

银行可以根据自身情况设计符合本行业务及客户状况的"已识别优质客户信息记录表"，如图 6-4 所示。

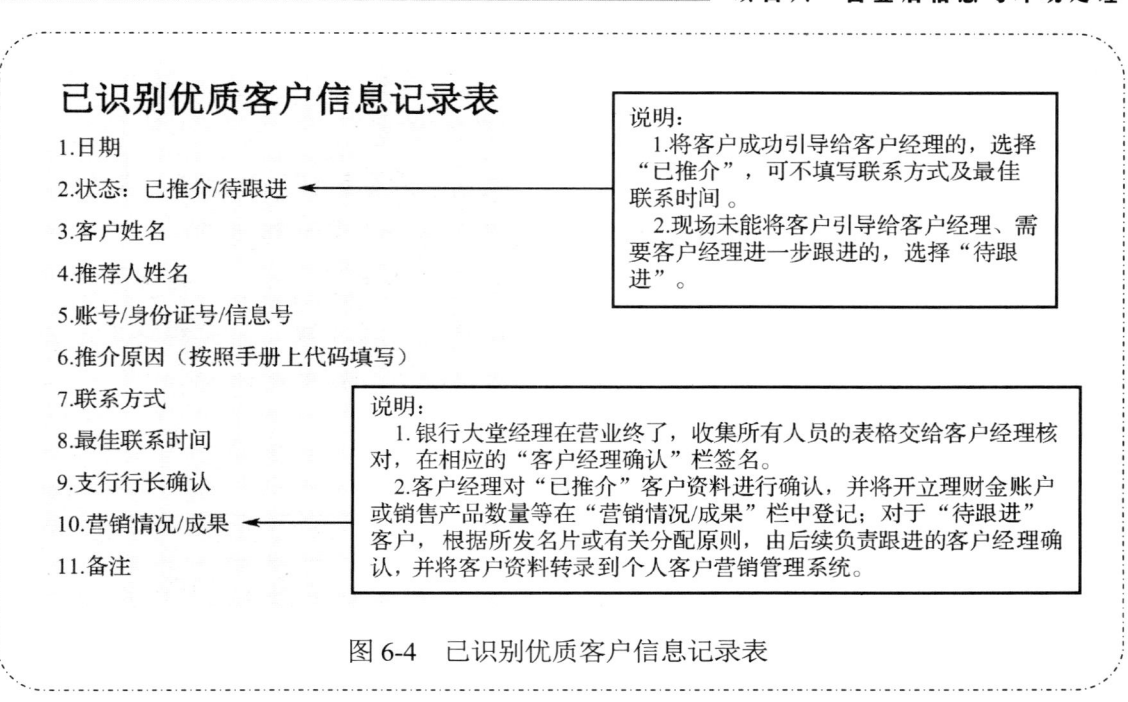

已识别优质客户信息记录表

1. 日期
2. 状态：已推介/待跟进 ◄────
3. 客户姓名
4. 推荐人姓名
5. 账号/身份证号/信息号
6. 推介原因（按照手册上代码填写）
7. 联系方式
8. 最佳联系时间
9. 支行行长确认
10. 营销情况/成果 ◄────
11. 备注

说明：
1. 将客户成功引导给客户经理的，选择"已推介"，可不填写联系方式及最佳联系时间。
2. 现场未能将客户引导给客户经理、需要客户经理进一步跟进的，选择"待跟进"。

说明：
1. 银行大堂经理在营业终了，收集所有人员的表格交给客户经理核对，在相应的"客户经理确认"栏签名。
2. 客户经理对"已推介"客户资料进行确认，并将开立理财金账户或销售产品数量等在"营销情况/成果"栏中登记；对于"待跟进"客户，根据所发名片或有关分配原则，由后续负责跟进的客户经理确认，并将客户资料转录到个人客户营销管理系统。

图 6-4　已识别优质客户信息记录表

2. 银行设备整理的内容

前述中已知晓银行内部环境尤为重要，但由于科技的进步、服务项目的发展，银行大堂设备也在不断更新和增加，因此，不可能要求银行大堂经理对所有的设备都能够进行修理，但对于一些简单、细小的问题还是应该具备随机应变的简单处理能力。例如，电子设备死机了，可以通过重启设备来尝试恢复。但如果遇到银行大堂经理无法解决的技术问题，应该按照银行设备整理流程逐级上报，及时反馈，如图 6-5 所示。

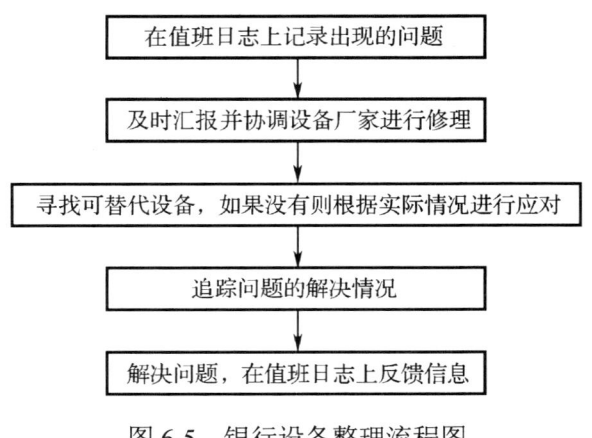

在值班日志上记录出现的问题
↓
及时汇报并协调设备厂家进行修理
↓
寻找可替代设备，如果没有则根据实际情况进行应对
↓
追踪问题的解决情况
↓
解决问题，在值班日志上反馈信息

图 6-5　银行设备整理流程图

工具

银行网点日常巡场检查表

银行网点日常巡场检查表用于记录银行大堂内设备的使用及故障、维修情况，检查银行大堂内所有电子设备的正常使用情况及银行大堂的环境卫生。每天工作结束，银行大堂经理都要按照银行网点日常巡场检查表上的内容及检查要求逐一对银行大堂的设备环境进行检查，有问题的一定要记录下来，当天解决不了的要特别注明，以便第二天当班的银行大堂经理及时解决，如表6-12所示。

表6-12 银行网点日常巡场检查表

巡场人：　　　　　　　　　　　　　　　　　　　　　　　　　　　　年　月　日

区　域	项　目	核查（打"√"）				备　注
		9:00	11:00	14:00	16:00	
银行大堂经理桌区域	资料整齐摆放					
	桌面干净					
	叫号纸充足					
填单区	单据齐全充足					
	笔、印章等齐全，有序摆放					
	桌面卫生干净					
资料区	宣传页数量充足					
	资料整齐摆放					
	电子回单区能否正常使用					
终端自助区	设备正常使用					
	保持地面干净卫生					
理财区	桌面、地面保持干净					
	资料齐全，有序摆放					
大厅公共区域	大厅地面保持干净					
	角落没有堆满杂物					
	垃圾桶定时清理					
	等候区桌椅保持整齐、干净					
柜台区域	笔充足					
	桌面干净					
关怀客户	检查客户必带证件及单据填写情况					
	引导、分流客户到自助设备					

项目六　营业后信息与环境处理

银行大堂经理在每天营业结束后要进行设备的关机、清理、检查，以确保第二天能够正常使用，如对碎纸机必须要进行纸屑的清理。

> **工具**
>
> 碎　纸　机
>
> 碎纸机是由一组旋转的刀刃、纸梳和驱动电动机组成的。纸张从相互咬合的刀刃中间送入，被分割成很多的细小纸片，以达到保密的目的，如图6-6所示。
>
> 碎纸方式是指当纸张经过碎纸机处理后被碎纸刀切碎后的形状。根据碎纸刀的组成方式，现有的碎纸方式有碎状、粒状、段状、沫状、条状、丝状等。市面上有些碎纸机可选择两种或两种以上的碎纸方式。
>
> 不同的碎纸方式适用于不同的场合，一般性的办公场合可以选择段状、粒状、丝状或条状。但对于保密要求比较高的场合，如银行大堂内部客户填写的带有账号、身份证号码的凭条等，就一定要用沫状的，以达到保密的效果。
>
> 图6-6　碎纸机
>
> 碎纸机的特点是保护环境、节约空间、价格便宜。

二、银行服务信息分析与汇报

银行大堂服务人员所提供的银行服务项目种类很多，获得的服务信息时效性较强，因此要求银行大堂经理要及时收集、及时汇总、及时分析。银行大堂经理对汇总整理后的银行大堂服务信息应进行有效的分析，并提出改善建议，有时还需及时上报给相关负责人，提出更明确的改善建议。

1. 对客户信息进行分析

客户信息可以分为定量信息和定性信息，表6-13列出了不同类型客户信息的内容。

表6-13　定量信息与定性信息

定 量 信 息	定 性 信 息
业务等待时间	客户对银行服务的满意程度

147

续表

定 量 信 息	定 性 信 息
反映排队等候时间的客户数量	投资偏好
反映柜员服务态度的客户数量	对银行的印象
反映设备故障的客户数量	对银行服务的预期
……	……

客户信息分析要注重时效性。银行大堂服务人员将获取的服务信息，必须及时分析、及时给予客户反馈，有时需要从多方面分析信息，甚至需要将分析的内容上交上级领导或相关负责人，做更深入的分析，以便提出有效的改善措施。

2. 汇总并分析银行大堂服务信息

由于银行大堂服务人员所提供的银行服务项目时效性较强，因此它所反映出的信息的时效性也很强，要及时收集、及时汇总、及时分析，甚至有时要及时上报，这样才能提高服务质量，弥补不足。这就要求银行大堂服务人员要会看会听，准备如下信息汇总的辅助工具。

工具

工 作 日 志

工作日志记录银行大堂经理每天的工作内容、所花费的时间及在工作过程中遇到的问题，解决问题的思路和方法，以方便月末或季末写总结。北京商贸银行大堂经理工作日志如表6-14所示。

最好详细客观地记录所面对的选择、观点、观察、方法、结果和决定，经过长期积累就能通过工作日志提高自己的工作技能。

表6-14 北京商贸银行大堂经理工作日志

日期			年 月 日		星期			天气					
银行大堂经理签字						当班行长签字							
		项目	卫生环境			设备设施					其他		
	时间		服务台	窗口地面	自助厅	休息区	取号机	单据柜	验钞机	饮水机	碎纸机	宣传架	规范服务	老花镜
定时检查	上午	8:00												
		10:00												
	下午	2:00												
		4:00												
		6:30												

续表

	评价内容	状态评价
日常工作	1. 引导客户取号排队，维持排队等候秩序	
	2. 维持大厅卫生环境，及时清理纸屑、烟头等垃圾	
	3. 积极宣传本行各项鼓励政策，推广短信银行、网上银行等业务	
	4. 指导客户填写相关单据，指引持卡客户使用ATM机自助办理业务	
	5. 提供相关咨询服务	
	优质客户推荐情况	有效"客户推荐表"份数_____份（以个人客户经理签字为准）
	客户需求收集情况	
	巡检中发现的主要问题	
重要事项	1. 2. 3.	
客户反馈	1. 2. 3.	
工作建议及感悟	1. 2. 3.	

3. 提出改进措施

有一部分通过客户评价簿收集到的银行服务的反馈信息会在出现问题时就解决；还有一部分反馈信息需要记录，由相关领导来解决。

4. 银行分析报告的撰写

银行分析报告是反映银行服务情况的文章。银行分析报告的主要功能是研究和反映。撰写银行分析报告可分为选题、取材、方法、形式、结构五个阶段。其中，银行分析报告的选题是非常重要的。

（1）银行分析报告的选题。

原则：银行分析报告的选题应同时具备两个基本条件：实用价值、新颖性。

方法：抓住"三要点"，即"注意点"、"矛盾点"和"发生点"。

内容：围绕方针政策、发展规划、中心工作、经济效益、人民生活、民意、横向比较、薄弱环节、形势宣传、发展战略等方面确定选题。

银行分析报告的选题常见问题：想当然，凭兴趣；随大流，赶浪头；过大过难；过于琐碎。

（2）银行分析报告的取材。银行分析报告的取材主要来源于客户意见簿、投诉记录表、银行网点日常巡场检查表及工作日志等。

（3）银行分析报告撰写的方法。银行分析报告的撰写可从五个方面来练习，即从报表数字写起、从小的内容写起、从结构简单的写起、从描述写起、从模仿写起，如表6-15所示。

表6-15 银行分析报告撰写的方法

撰写类型	具体内容	撰写目的
报表数字型	针对资料中变化较大的几个数字来写	阐明数字变化所反映的情况
小而浅显型	选择内容不复杂、涉及范围比较小的内容来写	内容易控制，便于说明事理
结构简单型	以简单的说明型、快报型、资料型等文章结构来写	易于查看报告者读懂内容
内容描述型	通过事实、就事论事地说明问题，一般不进行研究和议论	能使说明的内容更加具体、充实
模仿型	参照比较优秀的统计分析报告来写	通过仿写练习快速学会撰写银行分析报告

（4）银行客户投诉分析报告的撰写形式。银行分析报告的选题重要，银行客户投诉分析报告的撰写形式更加重要。结构是文章的内部组织，是对文章内容进行安排的形式，银行客户投诉分析报告结构示例如图6-7所示。最常见的两种形式如下。

分析报告形式1：情况—问题—建议。

分析报告形式2：提出问题—分析问题—解决问题。

银行客户投诉分析报告——关于投诉问题

银行竞争激烈，谁的信誉好、谁的服务好、谁能满足客户需求、谁能超越客户需求，谁就能赢得客户、赢得市场。银行服务好坏体现的是银行管理水平的高低，孕育着银行本身的文化内涵和员工的精神风貌，展现在公众面前的是一种品牌。本行自网点转型以来积极转变观念，强化金融服务创新，打造差异化服务，以客户为中心，满足客户需求，以提升客户的满意度和忠诚度。2023年上半年本行客户投诉情况如下：

一、基本情况及问题

2023年上半年本行未发生投诉事件，但在网点规范化服务中还是存在着一定的问题，具体分析如下：

1. 对员工应急措施培训和演练不到位……

2. 服务环境有待改善……

图6-7 银行客户投诉分析报告结构示例

> **二、策略与建议**
>
> 1. 从细节着手，完善服务规范……
> 2. 借力微笑服务提升金融价值……
> 3. 提高认识水平，在全行上下大力宣传优质、高效、文明服务的含义、意义和作用……
>
> 客户的满意和信任，是我们实现企业生存和永续发展目标的出发点和立足点。因此，客户投诉应视为本行不可多得的宝贵资源，而不应视为银行的负债。因为在客户投诉中既有我们工作的不足，也有我们潜在的客户需求，我们应把客户投诉视为银行重要的资源来进行维护，以推动本行的文明服务质量和水平，创造金融服务健康发展。

图 6-7　银行客户投诉分析报告结构示例（续）

（5）银行分析报告的结构。

① 标题，要题文相符，准确揭示报告的主题思想并具有较强的吸引力，如"××银行关于客户满意度的调查报告""××银行客户服务年度总结报告"；还可以采用单标题或双标题的形式，双标题即采用正、副标题形式，如"树我行形象立我行品牌——××银行客户满意度调查分析报告"。

② 概要，是报告的内容摘要，包括调查目的、调查对象和调查时间、地点、对象、范围、调查要点及所要解答的问题、调查研究的方法等。

③ 正文，是调查报告的主要部分，包括问题的提出、引出结论、论证的全部过程、分析研究问题的方法等。

分析报告论述的主要内容包括基本情况部分和分析部分。

基本情况部分——要真实地反映客观事实，对调查的背景资料做客观的介绍说明；或是提出问题，其目的是要分析问题。

分析部分——调查报告的主要部分，这一阶段要对资料进行质和量的分析，通过分析、了解情况，说明问题和解决问题。分析一般有三类情况：第一类是成因分析；第二类是利弊分析；第三类是发展规律或趋势分析。

④ 结尾，是调查报告的结束语，有概括全文、形成结论、提出看法和建议三种常见的形式。

⑤ 附件，是对正文报告的补充或更详尽的说明，包括数据汇总表及原始资料、背景材料和必要的工作技术报告。

银行分析报告示例如图 6-8 所示。

关于银行大堂排队问题的分析报告 ————————————— 标题
——银行大堂排队等候现状分析及建议 ——————— 概要

现在我行在大堂柜面服务中出现的问题是客户抱怨排队等候的时间长。

经过一个月的调查，发现产生这一问题的主要原因有如下几点。

1. 柜台资源浪费。大约超过九成用户通过银行柜台进行储蓄账户/信用卡开户、个人贷款的办理、储蓄账户资料的变更、外汇业务和存款业务的办理，增加了柜台人员的工作负荷。

2. 自助设备使用率低，造成资源浪费。

3. 银行营业时间与客户的工作时间一致，客户办理业务很不方便。

以上这些情况是导致银行客户排长队的主要原因。这种现象不仅造成柜台资源的浪费，也使得网点负荷增加，使银行网点资源的利用效率低，导致利润下降和优质客户流失。

随着银行业务类型的增加，消费者对银行服务的需求已经不再局限于存取款业务等简单的交易型业务，需要银行提供更多的高附加值销售和咨询。不应该再为最简单的交易型业务浪费太多的资源，因为现在的先进设备足以完成这些工作。

为此，借鉴他行的一些举措，提出我行的一些改进意见：

1. 调整营业时间，为满足客户需要，辅导居民使用自助设备。

由于我行附近小区很多，可以建立一个便利部门，营业时间从12:00—20:00，方便上班族在下班后办理金融业务。12:00—16:00，工作人员可以深入附近社区向居民宣传推广金融知识，辅导居民使用自助设备等。

2. 增加银行大堂自助设备。

我行现在的大堂面积很大，可以设立低柜服务，对于不需要直接接触现金的业务，可以在低柜进行操作。增设几台计算机，可以自助进行网上业务的办理，银行大堂经理可以辅导这些客户进行操作，从而减轻柜面的工作量，提高柜面的工作效率。

3. 咖啡厅网点。

为了给客户带来随意舒适的体验，提高客户在银行网点的停留时间，可以将一部分客户等候区设置成咖啡厅，客户在这里可以舒适地等候。在客户等候的时间为其介绍金融产品，能增加客户的投资率。

以上建议和意见，敬请领导指导，希望能为我行做一份贡献。 ——————— 结尾

图6-8　银行分析报告示例

> **温馨提示**
>
> **统计数字的运用技巧**
>
> 数字是银行分析报告论事说理的重要依据，运用时要注意以下几点：
> - 密度法。适当控制统计分析报告的数字密度，即控制统计数字的使用量。
> - 以占全篇文字的10%~20%为宜，不能超过30%。
> - 概略法。把复杂的统计数字加以简化，读者易读易记。
> - 明晰法。把抽象、复杂的数字变得清晰、明确。

5. 向上级领导汇报工作

（1）向上级领导汇报工作的时机。对收集到的银行服务信息应进行有效的甄别，选择适当的时机，恰当地向上级领导汇报。

向上级领导汇报工作类型、特点及注意事项，如表6-16所示。

表6-16 向上级领导汇报工作类型、特点及注意事项

汇报类型	特　　点	注意事项
提前通知	这种汇报都有一段时间进行准备，下级应在上级告知何时汇报后，在汇报之前再次征求上级的意见，并预估和遵守时间	汇报的时间不宜过长，特别注意不要选择在上级用餐、休息、休假时汇报
临时通知	这种汇报没有太多的时间进行准备，汇报地点也不确定	若是例行汇报就要按部就班进行说明；若是特殊汇报，则力求短小精悍、简明扼要

（2）汇报工作的技巧。找领导汇报工作也要注意技巧。汇报的内容要是领导特别关心的方面，对于一些个人能力范围内能够处理的既定的工作无须事无巨细统统汇报。

汇报工作最重要的是提出解决问题的方案而不是简单地提出问题，汇报工作中存在的问题的实质是求得领导对你的方案的批准，而不是问上级领导如何解决问题。

（3）汇报工作的方法。汇报工作是向上级领导反映情况，求得指导和帮助的重要方法，也是展示本单位成绩、工作能力和水平的重要机会。

汇报工作的方式可以分为"主动汇报"和"被动汇报"。

① 主动汇报，就是汇报方根据需要主动向领导汇报工作，内容一般有两种：
一是工作上的新思路、新想法，在没实施之前向领导进行汇报，以求得领导的

指导、肯定。

二是工作中遇到了自己难以克服的困难或重大问题，需要向领导反映情况，以求得领导的指点和帮助。

② 被动汇报，就是领导要听你的汇报，汇报者完全按照领导的要求进行汇报，包括汇报内容、汇报方式、汇报时间等，都必须"被动"地服从领导。这种汇报一般是汇报单位或本人在特定的时间内某一方面或几个方面工作的开展情况。

温馨提示

工作汇报关键点

- 明确目的
- 抓住重点
- 不说废话
- 灵活把握
- 实事求是

6. 向上级领导提出改进建议的方法

改进建议的提出方式和技巧与汇报工作类似，重点在于提出的改进建议是否切实可行，这就要求银行大堂服务人员要进行一些研究，得到一些数据，进行数据分析，才能提出有效的改进建议，如可以事先做一些统计调查。

诀

调查设计方案

WHY——以提高银行大堂服务质量为目的；
WHO——以来行办理业务的客户为对象；
WHAT——以客户意见簿、投诉意见表为提纲；
WHEN——实时调查与当天信息相结合；
HOW——结合当月信息写出调查报告。

职业规范——银行大堂经理禁止性规定

（1）严禁银行大堂经理进行高柜和低柜业务操作，或者超越权限办理非本职工作的业务，或者兼职营业经理、现金柜员、非现金柜员工作。

（2）严禁银行大堂经理进入账务系统操作或办理任何核算业务，或者持有和管理具有账务核算权限的权限卡、会计专用印章、贷款合同专用章、银行现金、空白重要凭证和有价单证、ATM（CDM、CRS）等自助设备钥匙和密码，或者违规进入高柜业务区。

（3）严禁银行大堂经理在全行任一业务渠道为本人服务客户代办金融业务，或者在本支行范围内的营业网点为其他客户代办业务。

（4）严禁银行大堂经理外出为客户办理存取款业务。

（5）严禁银行大堂经理为客户保管现金、存单（折）、卡、有价单证和贵重物品（按规定开展的保管箱业务和其他代保管业务除外）。

（6）严禁银行大堂经理代替客户签字。

（7）严禁银行大堂经理违反双人调查（贷前）、见客谈话等制度，或者审查、审批任何个人贷款业务。

（8）严禁银行大堂经理泄露个人客户信息，或者违规调查、下载、保存、变更和删除个人客户信息，或者将个人客户信息资料带离本行。

（9）严禁银行大堂经理未按规定办理工作交接即换岗或离职，或者已换岗的银行大堂经理一年内在原理财中心担任营业经理或理财中心负责人。

> **温馨提示**
>
> **银行大堂综合绩效定性评价考核指标的设置（占40%）**
>
> 银行大堂环境评价：包括银行大堂秩序、卫生状况、音乐播放等方面。
>
> 工作态度评价：主动、礼貌、热情、规范等。
>
> 客户投诉处理：银行大堂经理对各渠道收集的客户意见与投诉进行及时跟踪处理，及时记录，并于理财中心内公布。

角色扮演

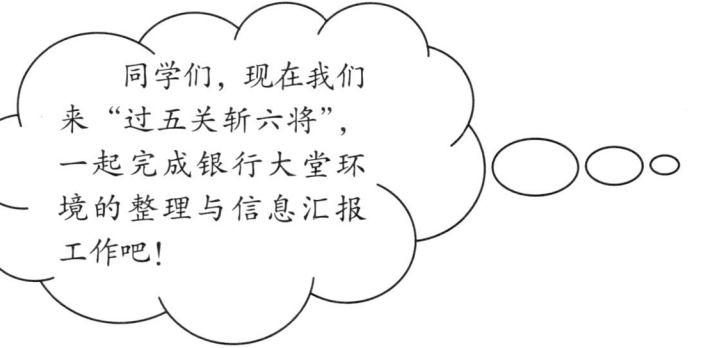

同学们，现在我们来"过五关斩六将"，一起完成银行大堂环境的整理与信息汇报工作吧！

【实训目标1】模拟布置北京商贸银行大堂环境。

【实训要求】

1．银行大堂的环境卫生符合规范。

2．关机、清理、检查银行大堂设备。

3．以上活动均以小组形式呈现，力求专业、规范。

【实训内容】

每4人为一组进行银行营业结束后的情景模拟，填写实训过程。在北京商贸银行大堂内，尽管作为银行大堂经理的你已经累得疲惫不堪，仍然要完成银行环境设备的整理工作。

【实训过程】

_____

_____

_____

_____

_____

_____

【实训评价】

根据评价要素，将小组对个人的评分及文字评价填写在表6-17中。

表6-17 评价表

评价项目	评价要素	分　值	评分及文字评价
环境整理	环境整理内容是否熟知	15分	
	字符录入是否准确、快速	15分	
	环境整理标准是否清楚	15分	
	优质客户信息记录表填写是否规范	15分	
设备整理	设备整理具体内容是否熟知	15分	
	设备维护上报程序是否清晰	10分	
	设备使用与整理方法是否规范	15分	
合　计		100分	

【实训目标2】模拟北京商贸银行班后情况的汇报。

【实训要求】

1．按职业规范标准进行信息汇总。

2．根据信息内容，选择恰当的报告撰写方法，并说明理由。

3．按职业规范标准撰写简易报告并做出演示文稿，选优汇报。

4．以上活动均以小组形式呈现。

【实训内容】

每4人一组，到校外走访2～3家银行，通过对大堂服务环境的比较观察，进行信息汇总、分析，确定报告内容，选择合适的报告撰写方法，填写实训过程。

【实训过程】

【实训评价】

根据评价要素，将小组对个人的评分及文字评价填写在表6-18中。

表6-18 评价表

评价项目	评价要素	分　值	评分及文字评价
服务项目分类	能否对银行服务项目正确分类	10分	
收集和分析服务信息	是否熟知收集银行大堂服务信息的方法	10分	
	能否根据不同银行服务项目的反馈信息进行合理而正确的分类汇总	15分	
撰写分析报告	能否正确选择需要汇总分析的信息内容	15分	
	能否撰写简易银行分析报告	20分	
向上级汇报	是否熟知下级向上级汇报工作的内容与方法	15分	
	是否掌握下级向上级汇报工作的技巧	15分	
合　计		100分	

任务检测

1. 知识检测

（1）填空题

① 碎纸机的碎纸方式有_____、_____、_____、_____、_____、_____。

② 银行分析报告选题方法应抓住的"三要点"是指_____、_____、_____。

③ 初步学写银行分析报告可以从五个方面来练习，即从_____、_____、_____、_____、_____写起。

④ 常见的两种银行分析报告形式是_____、_____。

（2）简答题

① 营业结束后信息整理的内容有哪些？

② 设备问题上报程序是什么？

③ 银行大堂日志主要填写哪些内容？

④ 如何向上级领导汇报工作？

_____

_____

_____

2. 牛刀小试

【资料】

每4人为一组选择1~2家银行进行银行大堂环境的调查,将问题收集整理汇总,撰写分析报告,最后进行情景模拟,向银行领导汇报工作,提出改进建议。

【要求】

（1）分别扮演领导和汇报工作的人员，要符合职业规范。

（2）根据不同银行服务项目的反馈信息进行合理、正确的分类汇总，撰写简易银行分析报告，并以PPT形式向全班做汇报，填写操作记录。

【操作记录】

_____

_____

_____

_____

_____

_____

3. 技能测试

利用打字高手等软件进行字符录入的训练与测试。成绩记录：

（1）英文小写字母：每分钟录入（   ）字，正确率为（   ）。

（2）英文大小写字母：每分钟录入（   ）字，正确率为（   ）。

（3）全键盘英文测试：每分钟录入（　　　）字，正确率为（　　　）。

（4）中文录入测试：每分钟录入（　　　）字，正确率为（　　　）。

（5）数字录入测试：每分钟录入（　　　）字，正确率为（　　　）。

拓展阅读

银行大堂经理评价考核体系

1. 评价考核范围

识别优质客户，分流、引导客户，管理理财中心营业区秩序及服务环境，了解客户需求并反馈，处理客户意见、批评及投诉。

2. 评价考核执行

二级分行与支行将共同参与银行大堂经理的评价考核。

3. 定量与定性相结合的评价考核体系

综合绩效评价考核主要是为综合地、客观地考核银行大堂经理识别拓展优质客户、分流引导大众客户、维护营业秩序和自助机具的正常使用、处理客户投诉等工作完成情况与效果。综合绩效定量评价考核指标设置（占60%）如表6-19所示。

表6-19　综合绩效定量评价考核指标设置（占60%）

指标名称	权重	指标说明
银行卡开户量	10%	本网点银行卡开户量÷当月辖区内理财中心平均开户量
电话银行开户量	10%	本网点电话银行开户量÷当月辖区内理财中心平均开户量
网上银行开户量	10%	本网点网上银行开户量÷当月辖区内理财中心平均开户量
自助机具单台日均业务量	5%	考核网点自助机具使用效率
非现金业务占比	5%	根据业务量折算： 本网点数据÷当月辖区内理财中心平均水平
自助机具正常运作率	5%	本网点数据÷当月辖区内理财中心平均水平
待跟进优质客户推介量	15%	本网点数据÷当月辖区内理财中心平均水平

项目七

综合实训

知识目标

熟知银行大堂经理一天的工作内容和服务事项;能够做好银行大堂经理应知应会事项;学会银行大堂服务的各项技能;树立银行规范服务的职业意识。

实训目的

通过综合实训，使学生全面熟知并掌握银行大堂经理应学会的技能，同时能够灵活运用于工作场景。

实训主体

1．某银行高级大堂经理金石。
2．客户有残疾客户、行动不便的老年客户、未成年学生、外国人等。

实训设备及物品

实训设备及物品包括填单台、取号机、自助存取款机、工服、胸牌、打印机、点钞机、碎纸机、扎钞机、回单柜、饮水机、各种业务单据等。

实训要求

1．每3～5人组建一个小组，以小组为单位进行模拟演练。
2．根据下面给定的实训事件自行组织，做好相关的物品准备，进行人员分工，编写实训对话，确定实训的完成时间等，最终进行实训演练。
3．可自行设计事件发生的季节、时间、天气等情况。
4．教师可根据班级人数及具体情况选取实训事件。

实训事件

1．场景1：晨会，基本着装和行为要规范，统一着装，进行指甲展示、号牌指引。

2．场景2：银行大堂经理迎接客户，帮助取号，指导填单，引导客户就座。

3．场景3：银行大堂经理礼貌送别客户，一个客户办完业务，出门前，银行大堂经理使用规范的语言和礼仪送别客户。

4．场景4：银行大堂经理主动向客户营销基金业务，介绍个人业务，为客户提供咨询。

5．场景5：银行大堂经理指导客户使用自助设备。

6. 场景 6：银行大堂经理引导客户至 VIP 室办理业务。
7. 场景 7：银行大堂经理帮助处理客户之间的纠纷。
8. 场景 8：金卡客户领取赠品。
9. 场景 9：客户有紧急情况需要插队。
10. 场景 10：客户内急找不到厕所。
11. 场景 11：客户投资理财收益没有达到预期，在银行大堂吵闹。
12. 场景 12：两个客户发生纠纷乃至争吵。
13. 场景 13：ATM 机出现故障发生吞钞现象。
14. 场景 14：突发停电。
15. 场景 15：客户使用假币被柜员没收，客户不服投诉。

实训步骤

实训步骤如表 7-1 所示。

表 7-1　实训步骤

准 备 内 容	具体安排与说明
实训名称	
所需设备、物品	
人员分工	
季节、时间、天气	
实训对话	

实训评价

实训评价如表 7-2 所示。

表 7-2　实训评价

评价项目	评价要素	分　值	评分及文字评价
角色定位	工作内容是否清楚	10 分	
	服务事项与流程是否清楚	10 分	
	角色演练是否到位	15 分	
银行环境	环境准备是否恰当	10 分	
	设备运用是否恰当与规范	15 分	
卫生检查	设备物品是否齐全	10 分	
	物品摆放是否合理、规范	10 分	
活动参与度	是否积极参与组内活动	20 分	
合　计		100 分	

附录

附录A 中国银行业营业网点银行大堂经理服务规范

第一章 总则

第一条 为促进中国银行业营业网点服务水平的提高,根据《中国银行业文明服务公约》《中国银行业文明服务公约实施细则》《中国银行业文明规范服务工作指引》《中国银行业柜面服务规范》,制定本规范。

第二条 本规范旨在推动各会员单位及其辖属网点采取有效措施加强营业网点大堂服务规范化管理,提高大堂服务水平。

第三条 本规范所称银行大堂经理是指在营业网点大厅内从事客户引导分流、业务指导咨询、秩序维护等职责的工作人员。

第四条 各会员单位及其相关各级管理者须为银行大堂经理履行职责提供必需的资源。

第五条 本规范适用于中国银行业协会会员单位。

第二章 银行大堂经理岗位任职要求

第六条 银行大堂经理基本素质主要包括:

(一)认同客户至上的服务理念,具有较强的服务意识。

(二)正直诚信,客观公正,遵纪守法。

(三)有爱心,有亲和力,具有良好的沟通表达能力。

(四)仪表端庄,形象大方。

(五)有责任心,认真细致,爱岗敬业。

(六)具有一定的现场管理能力、观察能力和应变能力。

第七条 银行大堂经理技能要求主要包括:

(一)具有与银行大堂经理岗位相适应的专业资质。

(二)较好地掌握银行业务知识,熟悉本行业务流程和产品功能,并能熟练使用银行电子设备。

(三)普通话标准,有条件的网点尽可能配备具有英语表达能力的服务人员。

（四）具有一定的计算机操作技能。

第三章　银行大堂经理职业操守要求

第八条　银行大堂经理职业操守要求主要包括：
（一）具有风险防范意识。
（二）遵守保密纪律，不得私自保留客户资料，或将客户信息带离岗位或泄露给第三方。
（三）不得进行任何不诚实、欺骗、欺诈等有损银行信誉，误导客户的行为。
（四）不得口头或书面对同业的产品及服务进行不当的表述、评论。
（五）不得为客户办理任何交易业务。

第四章　银行大堂经理岗位职责

第九条　银行大堂经理岗位职责主要包括：
（一）根据客户的需求，指引客户到营业厅不同功能区域办理业务。
（二）受理客户咨询，及时解答客户疑问。
（三）指导客户填写单据，指导客户使用自助设备、网上银行。
（四）维持服务秩序，维护环境卫生。
（五）回复客户意见。
（六）处理客户投诉，在无法处理的情况下，及时向上级报告。
（七）做好班前准备、班后整理工作。
第十条　网点营业期间，银行大堂经理应值守工作岗位，履行岗位职责。

第五章　营业前的服务

第十一条　银行大堂经理自查仪容仪表，并对网点其他员工的仪容仪表是否符合规定提出相关建议。
第十二条　对于已配备叫号系统的网点，应及时开启叫号机，检查设备运行是否正常。
第十三条　对凭证填写台等辅助服务区域进行检查，检查为客户提供的点钞机等辅助服务工具运行状况是否正常。

第十四条　检查宣传资料、相关业务凭证、意见簿等是否摆放整齐，种类是否齐全、适时，及时更换过时的业务或宣传资料。

第十五条　巡视营业大厅及自助服务区的卫生状况，检查营业环境是否整洁美观，确保营业厅客户进出通道畅通。

第十六条　检查利率牌、外汇汇率牌、查询机等设备信息显示是否正常。

第六章　营业中的服务

第十七条　银行大堂经理与客户交流时，银行大堂经理须态度良好，言语简洁，语速平稳，努力保持微笑。对熟悉的客户应主动尊称其姓或职务，使客户有亲切感。

第十八条　当了解到客户业务需求后，银行大堂经理应按照服务礼仪规范，及时引导分流客户到相应功能区域办理业务。

第十九条　银行大堂经理应注意观察客户的需要，及时帮助有需求的客户。

第二十条　当客户咨询银行产品或服务时，银行大堂经理可简要进行介绍。当客户有需要时，银行大堂经理应迅速、礼貌地将客户推荐给有关专职人员接受咨询或办理业务。

第二十一条　银行大堂经理应加强在叫号机、自助服务区等区域的巡视，及时指导有疑惑的客户正确操作，对客户的不当操作及时予以提醒，帮助客户维护信息安全。

第二十二条　遇到客户投诉，应引导投诉客户到营业厅洽谈室或其他相对封闭区域，及时予以安抚，了解客户投诉原因。对于难以处理的投诉，应及时向上级报告。

处理客户投诉时，银行大堂经理应注意及时为客户送上茶水，做好相关服务，努力稳定客户情绪。

第二十三条　当营业厅客流量较大，出现严重排队时，银行大堂经理应及时向上级汇报，根据网点统一安排疏导客户。

第二十四条　应注意查阅客户意见簿上的意见和建议，及时回复。

第二十五条　积极维护客户等候秩序，对不遵守排队秩序的客户予以礼貌地提醒。

第二十六条　整理填单台面，及时清理客户废弃的凭条、申请书等单据。

第二十七条　巡视营业大厅卫生状况，及时维护营业环境，保持整洁美观。

第二十八条　银行大堂经理应注意为老人、孕妇、残障等特殊客户提供周到的服务，如有必要，需引导客户到优先服务窗口办理。

第二十九条　遇到网点服务突发事件，按照中国银行业营业网点服务突发事件应急预案开展处理工作，并及时向上级汇报。

第七章　营业终的服务

第三十条　营业结束时，协助营业大厅内客户及时完成业务办理，做好清场工作。

第三十一条　关闭营业大厅内叫号机、点钞机、显示屏等夜间无须使用的电子设备。

第三十二条　整理环境卫生，及时补充各类单据凭条和宣传资料。

第三十三条　归纳总结客户意见簿和其他途径收集的客户意见，提出相关改进建议，反馈给网点有关部门。

第三十四条　整理维护营业厅各项设施设备，确保符合本单位营业厅服务环境管理要求。

第八章　附则

第三十五条　各会员单位及其分支机构可在本规范指导下结合实际制定本单位银行大堂经理服务工作实施细则。

第三十六条　本规范由中国银行业协会自律工作委员会负责解释和修改。

第三十七条　本规范由中国银行业协会自律工作委员会常务委员会审议通过后实施。

附录B　金融机构客户尽职调查和客户身份资料及交易记录保存管理办法

《金融机构客户尽职调查和客户身份资料及交易记录保存管理办法》已于2021年10月29日中国人民银行2021年第10次行务会议审议通过和银保监会、证监会审签，现予发布，自2022年3月1日起施行。

第一章　总则

第一条　为了预防和遏制洗钱和恐怖融资活动，规范金融机构客户尽职调查、客户身份资料及交易记录保存行为，维护国家安全和金融秩序，根据《中华人民共和国反洗钱法》《中华人民共和国反恐怖主义法》等法律、行政法规的规定，制定本办法。

第二条　本办法适用于在中华人民共和国境内依法设立的下列金融机构：

（一）开发性金融机构、政策性银行、商业银行、农村合作银行、农村信用合作社、村镇银行；

（二）证券公司、期货公司、证券投资基金管理公司；

（三）保险公司、保险资产管理公司；

（四）信托公司、金融资产管理公司、企业集团财务公司、金融租赁公司、汽车金融公司、消费金融公司、货币经纪公司、贷款公司、理财公司；

（五）中国人民银行确定并公布的从事金融业务的其他机构。

非银行支付机构、银行卡清算机构、资金清算中心以及从事汇兑业务、基金销售业务、保险专业代理和保险经纪业务的机构履行客户尽职调查、客户身份资料及交易记录保存义务适用本办法关于金融机构的规定。

第三条　金融机构应当勤勉尽责，遵循"了解你的客户"的原则，识别并核实客户及其受益所有人身份，针对具有不同洗钱或者恐怖融资风险特征的客户、业务关系或者交易，采取相应的尽职调查措施。

金融机构在与客户业务存续期间，应当采取持续的尽职调查措施。针对洗钱或者恐怖融资风险较高的情形，金融机构应当采取相应的强化尽职调查措施，必要时应当拒绝建立业务关系或者办理业务，或者终止已经建立的业务关系。

第四条　金融机构应当按照安全、准确、完整、保密的原则，妥善保存客户身份资料及交易记录，确保足以重现每笔交易，以提供客户尽职调查、监测分析交易、调查可疑交易活动以及查处洗钱和恐怖融资案件所需的信息。

第五条　金融机构应当根据本办法以及反洗钱和反恐怖融资相关法律规定，结合金融机构面临的洗钱和恐怖融资风险状况，建立健全客户尽职调查、客户身份资料及交易记录保存等方面的内部控制制度，定期审计、评估内部控制制度是否健全、有效，及时修改和完善相关制度。

金融机构应当合理设计业务流程和操作规范，以保证客户尽职调查、客户身份资料及交易记录保存制度有效执行。

第六条　金融机构应当在总部层面对客户尽职调查、客户身份资料及交易记录保存工作做出统一部署或者安排，制定反洗钱和反恐怖融资信息共享制度和程序，以保证客户尽职调查、洗钱和恐怖融资风险管理工作有效开展。

金融机构应当对其分支机构执行客户尽职调查制度、客户身份资料及交易记录保存制度的情况进行监督管理。

金融机构应当要求其境外分支机构和附属机构在驻在国家或地区法律规定允许的范围内，执行本办法的有关要求，驻在国家或地区有更严格要求的，遵守其规定。如果本办法的要求比驻在国家或地区的相关规定更为严格，但驻在国家或地区法律禁止或者限制境外分支机构和附属机构实施本办法的，金融机构应当采取适当措施应对洗钱和恐怖融资风险，并向中国人民银行报告。

第二章　客户尽职调查

第一节　一般规定

第七条　金融机构在与客户建立业务关系、办理规定金额以上一次性交易和业务关系存续期间，怀疑客户及其交易涉嫌洗钱或恐怖融资的，或者对先前获得的客户身份资料的真实性、有效性或完整性存疑的，应当开展客户尽职调查，采取以下尽职调查措施：

（一）识别客户身份，并通过来源可靠、独立的证明材料、数据或者信息核实客户身份；

（二）了解客户建立业务关系和交易的目的和性质，并根据风险状况获取相关信息；

（三）对于洗钱或者恐怖融资风险较高的情形，了解客户的资金来源和用途，并根据风险状况采取强化的尽职调查措施；

（四）在业务关系存续期间，对客户采取持续的尽职调查措施，审查客户状况及其交易情况，以确认为客户提供的各类服务和交易符合金融机构对客户身份背景、业务需求、风险状况以及对其资金来源和用途等方面的认识；

（五）对于客户为法人或者非法人组织的，识别并采取合理措施核实客户的受益所有人。

金融机构应当根据风险状况差异化确定客户尽职调查措施的程度和具体方式，不应采取与风险状况明显不符的尽职调查措施，把握好防范风险与优化服务的平衡。

第八条　金融机构不得为身份不明的客户提供服务或者与其进行交易，不得为客户开立匿名账户或者假名账户，不得为冒用他人身份的客户开立账户。

第九条　开发性金融机构、政策性银行、商业银行、农村合作银行、农村信用合作社、村镇银行等金融机构和从事汇兑业务的机构在办理以下业务时，应当开展客户尽职调查，并登记客户身份基本信息，留存客户有效身份证件或者其他身份证明文件的复印件或者影印件：

（一）以开立账户或者通过其他协议约定等方式与客户建立业务关系的；

（二）为不在本机构开立账户的客户提供现金汇款、现钞兑换、票据兑付、实物贵金属买卖、销售各类金融产品等一次性交易且交易金额单笔人民币 5 万元以上或者外币等值 1 万美元以上的。

第十条　商业银行、农村合作银行、农村信用合作社、村镇银行等金融机构为自然人客户办理人民币单笔 5 万元以上或者外币等值 1 万美元以上现金存取业务的，应当识别并核实客户身份，了解并登记资金的来源或者用途。

第十一条　金融机构提供保管箱服务时，应当了解保管箱的实际使用人，登记实际使用人的姓名、联系方式、有效身份证件或者其他身份证明文件的种类、号码和有效期限，并留存实际使用人有效身份证件或者其他身份证明文件的复印件或者影印件。

第十二条　证券公司、期货公司、证券投资基金管理公司以及其他从事基金销售业务的机构在为客户办理以下业务时，应当开展客户尽职调查，并登记客户身份基本信息，留存客户有效身份证件或者其他身份证明文件的复印件或者影印件：

（一）经纪业务；

（二）资产管理业务；

（三）向不在本机构开立账户的客户销售各类金融产品且交易金额单笔人民币 5 万元以上或者外币等值 1 万美元以上的；

（四）融资融券、股票质押、约定购回等信用交易类业务；

（五）场外衍生品交易等柜台业务；

（六）承销与保荐、上市公司并购重组财务顾问、公司债券受托管理、非上市公众公司推荐、资产证券化等业务；

（七）中国人民银行和中国证券监督管理委员会规定的应当开展客户尽职调查的其他证券业务。

第十三条　保险公司在与客户订立人寿保险合同和具有投资性质的保险合同时，应当开展客户尽职调查，确认投保人和被保险人之间的关系，以及被保险人和受益人之间的关系，登记投保人身份基本信息，并留存投保人有效身份证件或者其他身份证明文件的复印件或者影印件；识别并核实被保险人、受益人的身份，登记被保险人、受益人的姓名或者名称、联系方式、有效身份证件或者其他身份证明文件的种类、号码和有效期限，并留存被保险人、受益人有效身份证件或者其他身份证明文件的复印件或者影印件。当上述保险合同未明确指定受益人，而是通过特征描述、法定继承或者其他方式指定受益人时，保险公司应当在明确受益人身份或者赔偿或给付保险金时识别并核实受益人身份。

对于保险费金额在人民币5万元以上或者外币等值1万美元以上的财产保险合同和健康保险、意外伤害保险等人身保险合同，保险公司在与客户订立保险合同时，应当识别并核实投保人、被保险人身份，登记投保人、被保险人、受益人的姓名或者名称、联系方式、有效身份证件或者其他身份证明文件的种类、号码和有效期限，并留存投保人有效身份证件或者其他身份证明文件的复印件或者影印件。

第十四条　在客户申请解除保险合同、减保或者办理保单贷款时，如退还的保险费或者提供的贷款金额为人民币1万元以上或者外币等值1 000美元以上的，保险公司应当要求申请人出示保险合同或者保险凭证，核实申请人身份，登记退保、减保或者办理保单贷款原因，将保险费退还或者发放至投保人本人账户，如遇特殊情况无法将保险费退还或者发放至投保人本人账户的，需登记原因并经高级管理层批准。

第十五条　对于人寿保险合同和其他具有投资性质的保险合同，保险公司在赔偿或者给付保险金时，应当核实被保险人、受益人身份，并留存受益人有效身份证件或者其他身份证明文件的复印件或者影印件。

对于财产保险合同和健康保险、意外伤害保险等人身保险合同，当被保险人或者受益人请求保险公司赔偿时，如金额为人民币5万元以上或者外币等值1万美元以上的，保险公司应当识别并核实被保险人或者受益人身份，登记被保险人或者受益人的姓名或者名称、联系方式、有效身份证件或者其他身份证明文件的种类、号码和有效期限，并留存被保险人或受益人有效身份证件或者其他身份证明文件的复印件或者影印件。

保险公司应当将保险金支付给保单受益人、被保险人或者指定收款人的账户。对于被保险人或者受益人请求将保险金支付给被保险人、受益人、指定收款人以外第三人的，保险公司应当确认被保险人和实际收款人之间的关系，或者受益人和实际收款人之间的关系，识别并核实实际收款人身份，登记实际收款人的姓名或者名称、联系方式、有效身份证件或者其他身份证明文件的种类、号码和有效期限，并留存实际收款人有效身份证件或者其他身份证明文件的复印件或者影印件。

第十六条　保险公司在与客户订立养老保障管理合同时，应当识别并核实委托人身份，登记委托人身份基本信息，并留存委托人有效身份证件或者其他身份证明文件的复印件或者影印件；在办理资金领取时，如金额为单笔人民币5万元以上或者外币等值1万美元以上的，保险公司应当识别并核实受益人身份。

第十七条　非银行支付机构在办理以下业务时，应当开展客户尽职调查，并登记客户身份基本信息，留存客户有效身份证件或者其他身份证明文件的复印件或者影印件：

（一）以开立支付账户等方式与客户建立业务关系，以及向客户出售记名预付卡或者一次性出售不记名预付卡人民币1万元以上的；

（二）通过签约或者绑卡等方式为不在本机构开立支付账户的客户提供支付交易处理且交易金额为单笔人民币1万元以上或者外币等值1 000美元以上，或者30天内资金双边收付金额累计人民币5万元以上或者外币等值1万美元以上的；

（三）中国人民银行规定的其他情形。

第十八条　银行、非银行支付机构为特约商户提供收单服务，应当对特约商户开展客户尽职调查，并登记特约商户及其法定代表人或者负责人身份基本信息，留存特约商户及其法定代表人或者负责人有效身份证件或者其他身份证明文件的复印件或者影印件。

第十九条　信托公司在设立信托或者为客户办理信托受益权转让时，应当识别并核实委托人身份，了解信托财产的来源，登记委托人、受益人的身份基本信息，并留存委托人有效身份证件或者其他身份证明文件的复印件或者影印件。

第二十条　对于客户的资金是信托资金或者财产属于信托财产的，金融机构与客户建立业务关系或者提供规定金额以上一次性交易时，应当识别信托关系委托人、受托人、受益人以及其他最终有效控制信托财产的自然人身份，登记其姓名或者名称、联系方式。

第二十一条　保险资产管理公司、金融资产管理公司、企业集团财务公司、金融租赁公司、汽车金融公司、消费金融公司、货币经纪公司、贷款公司、理财公司以及中国人民银行确定的其他金融机构，在与客户建立业务关系时，应当识别并核实客户身份，登记客户身份基本信息，并留存客户有效身份证件或者其他身份证明文件的复印件或者影印件。

金融机构通过其他机构开展上述业务时，应当符合本办法第三十九条的规定。

第二十二条 金融机构开展客户尽职调查时，对于客户为法人或者非法人组织的，应当识别并核实客户身份，了解客户业务性质、所有权和控制权结构，识别并采取合理措施核实客户的受益所有人，即通过以下方式最终拥有或者实际控制法人或者非法人组织的一个或者多个自然人：

（一）直接或者间接拥有法人或者非法人组织25%（含）以上股权或合伙权益的自然人；

（二）单独或者联合对法人或者非法人组织进行实际控制的自然人，包括但不限于通过协议约定、亲属关系等方式实施控制，如决定董事或者高级管理人员的任免，决定重大经营、管理决策的制定或者执行，决定财务收支，长期实际支配使用重要资产或者主要资金等；

（三）直接或者间接享有法人或者非法人组织25%（含）以上收益权的自然人。

金融机构应当综合使用上述三种方式识别并核实客户的受益所有人，当使用上述方式均无法识别受益所有人时，识别法人或者非法人组织的高级管理人员。

第二十三条 对于人寿保险合同保单受益人为法人或者非法人组织并且具有较高风险情形的，保险公司应当在赔偿或者给付保险金时采取强化尽职调查措施，识别并采取合理措施核实保单受益人的受益所有人。

第二十四条 金融机构应当通过来源可靠、独立的证明材料、数据或者信息核实客户身份，包括以下一种或者几种方式：

（一）通过公安、市场监督管理、民政、税务、移民管理等部门或者其他政府公开渠道获取的信息核实客户身份；

（二）通过外国政府机构、国际组织等官方认证的信息核实客户身份；

（三）客户补充其他身份资料或者证明材料；

（四）中国人民银行认可的其他信息来源。

银行履行客户尽职调查义务时，按照法律、行政法规、部门规章的规定需核实相关自然人的第二代居民身份证的，应当通过中国人民银行建立的联网核查公民身份信息系统进行核查。

第二十五条　金融机构应当在建立业务关系或者办理一次性交易时，核实客户及其受益所有人身份。在有效管理洗钱和恐怖融资风险的情况下，对于难以中断的正常交易，金融机构可以在建立业务关系后尽快完成客户及其受益所有人身份核实工作。金融机构在未完成客户及其受益所有人身份核实工作前为客户办理业务的，应当采取适当的风险管理措施。

第二十六条　金融机构应当采取合理方式确认代理关系存在，在按照本办法的有关要求对被代理人采取客户尽职调查措施时，应当识别并核实代理人身份，登记代理人的姓名或者名称、联系方式、有效身份证件或者其他身份证明文件的种类、号码，并留存代理人有效身份证件或者其他身份证明文件的复印件或者影印件。

第二十七条　金融机构在与客户建立业务关系时，应当根据客户尽职调查所获得的信息，及时评估客户风险，划分风险等级，并根据客户风险状况确定业务存续期间对客户身份状况的定期审核频次和方式。对洗钱或者恐怖融资风险等级最高的客户，金融机构应当至少每年进行1次审核。

金融机构应当持续关注客户的风险状况、交易情况和身份信息变化，及时调整客户洗钱和恐怖融资风险等级。

第二十八条　金融机构与客户业务存续期间，应当持续关注并审查客户身份状况及交易情况，发生以下情形时，金融机构应当审核本机构保存的客户身份信息，及时更新或者补充客户身份证件或者其他身份证明文件、身份信息或者其他资料，以确认为客户提供的各类服务和交易符合金融机构对客户身份背景、业务需求、风险状况以及对客户资金来源和用途等方面的认识：

（一）客户有关行为或者交易出现异常，或者客户风险状况发生变化的；

（二）金融机构怀疑先前获得的客户身份资料的真实性、有效性、完整性的；

（三）客户要求变更姓名或者名称、身份证件或者其他身份证明文件种类、身份证件号码、经营范围、法定代表人或者受益所有人的；

（四）客户申请变更保险合同投保人、被保险人或者受益人的；

（五）客户先前提交的身份证件或者其他身份证明文件已过有效期的；

（六）其他需要关注并审查客户身份状况及交易情况的。

客户先前提交的身份证件或者其他身份证明文件已过有效期，金融机构在履行必要的告知程序后，客户未在合理期限内更新且未提出合理理由的，金融机构应当中止为客户办理业务。

第二十九条　金融机构与客户建立业务关系时或者业务存续期间，应综合考虑客户特征、业务关系、交易目的、交易性质、资金来源和用途等因素，对于存在较高洗钱或者恐怖融资风险情形的，或者客户为国家司法、执法和监察机关调查、发布的涉嫌洗钱或者恐怖融资及相关犯罪人员的，应当根据风险状况采取强化尽职调查措施。

第三十条　对于洗钱或者恐怖融资风险较高的情形以及高风险客户，金融机构应当根据风险情形采取相匹配的以下一种或者多种强化尽职调查措施：

（一）获取业务关系、交易目的和性质、资金来源和用途的相关信息，必要时，要求客户提供证明材料并予以核实；

（二）通过实地查访等方式了解客户的经济状况或者经营状况；

（三）加强对客户及其交易的监测分析；

（四）提高对客户及其受益所有人信息审查和更新的频率；

（五）与客户建立、维持业务关系，或者为客户办理业务，需要获得高级管理层的批准。

金融机构采取强化尽职调查措施后，认为需要对客户的洗钱或者恐怖融资风险进行风险管理的，应当对客户的交易方式、交易规模、交易频率等实施合理限制，认为客户的洗钱或者恐怖融资风险超出金融机构风险管理能力的，应当拒绝交易或者终止已经建立的业务关系。

第三十一条　金融机构参考以下信息，结合客户特征、业务关系或者交易目的和性质，经过风险评估且具有充足理由判断某类客户、业务关系或者交易的洗钱和恐怖融资风险较低时，可以采取相匹配的简化尽职调查措施：

（一）国家洗钱风险评估报告；

（二）中国人民银行发布的反洗钱、反恐怖融资以及账户管理相关规定及指引、风险提示、洗钱类型分析报告和风险评估报告；

（三）其他法律、行政法规有相关规定的。

金融机构采取简化尽职调查措施时，应当至少识别并核实客户身份，登记客户的姓名或者名称、联系方式、有效身份证件或者其他身份证明文件的种类、号码和有效期限等信息，留存客户尽职调查过程中必要的身份资料。对已采取简化尽职调查措施的客户、业务关系或者交易，金融机构应当定期审查其风险状况，根据风险高低调整所提供的服务范围和业务功能；客户、业务关系或者交易存在洗钱和恐怖融资嫌疑或者高风险的情形时，金融机构不得采取简化尽职调查措施。

第三十二条　金融机构无法完成本办法规定的客户尽职调查措施的，应当拒绝建立业务关系，采取必要的限制措施或者拒绝交易，或者终止已经建立的业务关系，并根据风险情形提交可疑交易报告。

第三十三条　如果怀疑客户涉嫌洗钱或者恐怖融资，并且开展客户尽职调查会导致发生泄密事件的，金融机构可以不开展客户尽职调查，但应当提交可疑交易报告。

第二节　其他规定

第三十四条　金融机构与境外金融机构建立代理行或者类似业务关系，或者接受委托为境外经纪机构或其客户提供境内证券期货交易时，应当了解境外机构所在国家或地区洗钱和恐怖融资风险状况，充分收集境外机构代理业务性质、声誉、内部控制、接受监管和调查等方面的信息，评估境外机构接受反洗钱和反恐怖融资监管和调查的情况，以及反洗钱和反恐怖融资措施的健全性和有效性，明确本机构与境外机构在客户尽职调查、客户身份资料及交易记录保存方面的职责。

金融机构与境外金融机构建立代理行或者类似业务关系，或者接受委托为境外经纪机构或其客户提供境内证券期货交易时，应当获得董事会或者向董事会负责的高级管理层的批准。金融机构不得与空壳银行建立代理行或者类似业务关系，同时应当确保代理行不提供账户供空壳银行使用。

金融机构应当持续关注并审查境外机构接受反洗钱和反恐怖融资监管情况，以及境外机构所在国家或地区洗钱和恐怖融资风险状况，评定境外机构风险等级，并实施动态管理。

第三十五条　金融机构应当采取合理措施确定客户及其受益所有人是否为外国政要、国际组织高级管理人员、外国政要或者国际组织高级管理人员的特定关系人。如客户或者其受益所有人为上述人员，金融机构应当采取风险管理措施了解客户及其受益所有人资金或者财产的来源和用途，与客户建立、维持业务关系还应当获得高级管理层批准，并对客户及业务关系采取强化的持续监测措施。

如人寿保险保单受益人或者其受益所有人为外国政要、国际组织高级管理人员、外国政要或者国际组织高级管理人员的特定关系人，保险公司应当在赔偿或者给付保险金时获得高级管理层批准，并对投保人及业务关系采取强化尽职调查措施。

第三十六条　金融机构和从事汇兑业务的机构为客户向境外汇出资金时，应当登记汇款人的姓名或者名称、账号、住所和收款人的姓名或者名称、账号等信息，在汇兑凭证或者相关信息系统中留存上述信息，并向接收汇款的境外机构提供汇款人的姓名或者名称、账号、住所等信息。汇款人未在本机构开户，金融机构无法登记汇款人账号的，可以登记并向接收汇款的境外机构提供其他相关信息，确保该笔交易可跟踪稽核。

金融机构和从事汇兑业务的机构为客户向境外汇出资金金额为单笔人民币5 000元或者外币等值1 000美元以上的，应当核实汇款人身份，确保汇款人信息的准确性。发现客户涉嫌洗钱或者恐怖融资的，无论汇出资金金额大小，金融机构都应当采取合理措施核实汇款人身份。

金融机构作为跨境汇款业务的中间机构，应当完整传递汇款业务所附的汇款人和收款人信息，采取合理措施识别是否缺少汇款人和收款人等必要信息，并根据风险状况，明确执行、拒绝或暂停上述汇款业务的适用情形及相应的后续处理措施。

接收境外汇入款的金融机构，发现汇款人姓名或者名称、账号、住所等信息缺失的，应当要求境外机构补充。如汇款人未在办理汇出业务的境外机构开立账户，接收汇款的境内金融机构无法登记汇款人账号的，可以登记其他相关信息，确保该笔交易可跟踪稽核。

第三十七条　金融机构和从事汇兑业务的机构为客户办理境内汇款的，应当参照执行本办法第三十六条第一款和第二款的要求。若汇款机构无法及时将汇款人信息提供给接收汇款的机构，应当至少提供汇款人账号或者其他能够确保该笔交易可跟踪稽核的信息，并在接收汇款的机构或者相关主管部门需要时向其提供汇款人信息。

金融机构和从事汇兑业务的机构不符合本办法第三十六条和第三十七条第一款有关汇款业务要求的，不得为客户办理汇款业务。金融机构和从事汇兑业务的机构通过其境内外分支机构、附属机构或者代理机构开展汇款业务的，应当确保其境内外分支机构、附属机构或者代理机构遵守汇款业务相关规定。

第三十八条　金融机构运用互联网和移动通信等信息通信技术，依法以非面对面形式与客户建立业务关系或者为客户提供金融服务时，应当建立有效的客户身份认证机制，通过有效措施识别并核实客户身份，以确认客户身份的真实性和交易的合理性。

第三十九条　金融机构通过第三方开展本办法第七条第一款第一项、第二项、第五项尽职调查措施的，应当符合下列要求，并承担未履行客户尽职调查义务的责任：

（一）第三方接受反洗钱和反恐怖融资监管或者监测；

（二）评估第三方的风险状况及其履行反洗钱和反恐怖融资义务的能力，并确保第三方根据反洗钱和反恐怖融资法律法规和本办法的有关要求采取客户尽职调查、客户身份资料及交易记录保存措施；第三方具有较高风险情形或者不具备履行反洗钱和反恐怖融资义务能力的，金融机构不得通过第三方识别客户身份；

（三）金融机构能够立即从第三方获取客户尽职调查的必要信息；

（四）金融机构在需要时能够立即获得第三方开展客户尽职调查获取的身份证件或者其他身份证明文件以及其他资料的复印件或者影印件。

第三方应当严格按照法律规定和合同约定履行相应的客户尽职调查义务，并向金融机构提供必要的客户身份信息；金融机构对客户身份信息的真实性、准确性或者完整性有疑问的，或者怀疑客户涉嫌洗钱或恐怖融资的，第三方应当配合金融机构开展客户尽职调查。第三方未按照规定配合金融机构履行客户尽职调查义务的，应当承担相应责任。

金融机构通过金融机构以外的第三方识别客户身份的，应当符合第一款第二项至第四项要求。

第四十条　金融机构应当在开展客户尽职调查中相互配合。

第四十一条　金融机构应当建立健全工作机制，及时获取涉嫌恐怖活动的组织和人员名单以及中国人民银行要求关注的其他涉嫌洗钱及相关犯罪人员名单。有合理理由怀疑客户或其交易对手，以及客户或其交易对手的资金或者其他资产与名单相关的，应当采取相应的尽职调查和风险管理措施。法律、行政法规、规章另有规定的，从其规定。

第四十二条　金融机构应当建立健全工作机制，及时获取国际反洗钱组织和我国有关部门发布的高风险国家或地区以及强化监控国家或地区名单。对于来自高风险国家或地区的客户或交易，金融机构应当结合业务关系和交易的风险状况采取强化尽职调查措施和必要的风险管理措施。对于来自强化监控国家或地区的客户，金融机构在开展客户尽职调查及划分客户风险等级时，应当关注客户所在国家或地区的风险状况。

金融机构通过境外第三方开展客户尽职调查的，应当充分考虑第三方所在国家或地区的风险状况，不得通过来自高风险国家或地区的第三方开展客户尽职调查。

第四十三条　金融机构在开展客户尽职调查时，应当根据风险情形向中国反洗钱监测分析中心和中国人民银行当地分支机构报告以下可疑行为：

（一）客户拒绝提供有效身份证件或者其他身份证明文件的；

（二）有明显理由怀疑客户建立业务关系的目的和性质与洗钱和恐怖融资等违法犯罪活动相关的；

（三）对向境内汇入资金的境外机构提出要求后，仍无法完整获得汇款人姓名或者名称、账号和住所的；

（四）采取必要措施后，仍怀疑先前获得的客户身份资料的真实性、有效性、完整性的；

（五）履行客户尽职调查义务时发现其他可疑行为的。

金融机构报告上述可疑行为按照中国人民银行关于金融机构大额交易和可疑交易报告的相关规定执行。

第三章 客户身份资料及交易记录保存

第四十四条 金融机构应当保存的客户身份资料包括记载客户身份信息以及反映金融机构开展客户尽职调查工作情况的各种记录和资料。

金融机构应当保存的交易记录包括关于每笔交易的数据信息、业务凭证、账簿以及有关规定要求的反映交易真实情况的合同、业务凭证、单据、业务函件和其他资料。

第四十五条 金融机构应当采取必要的管理措施和技术措施，逐步实现以电子化方式完整、准确保存客户身份资料及交易信息，依法保护商业秘密和个人信息，防止客户身份资料及交易记录缺失、损毁，防止泄露客户身份信息及交易信息。

金融机构客户身份资料及交易记录的保存方式和管理机制，应当确保足以重现和追溯每笔交易，便于金融机构反洗钱工作开展，以及反洗钱调查和监督管理。

第四十六条 金融机构应当按照下列期限保存客户身份资料及交易记录：

（一）客户身份资料自业务关系结束后或者一次性交易结束后至少保存5年；

（二）交易记录自交易结束后至少保存5年。

如客户身份资料及交易记录涉及正在被反洗钱调查的可疑交易活动，且反洗钱调查工作在前款规定的最低保存期限届满时仍未结束的，金融机构应当将相关客户身份资料及交易记录保存至反洗钱调查工作结束。

同一介质上存有不同保存期限客户身份资料或者交易记录的，应当按最长保存期限保存。同一客户身份资料或者交易记录采用不同介质保存的，应当按照上述期限要求至少保存一种介质的客户身份资料或者交易记录。

法律、行政法规对客户身份资料及交易记录有更长保存期限要求的，从其规定。

第四十七条　金融机构破产或者解散时，应当将客户身份资料、交易记录以及包含客户身份资料、交易记录的介质移交给中国人民银行、中国银行保险监督管理委员会或者中国证券监督管理委员会指定的机构。

第四章　法律责任

第四十八条　金融机构违反本办法的，由中国人民银行按照《中华人民共和国反洗钱法》第三十一条、第三十二条的规定予以处罚；区别不同情形，采取或者建议中国银行保险监督管理委员会和中国证券监督管理委员会采取下列措施：

（一）责令金融机构停业整顿或者吊销其经营许可证；

（二）取消金融机构直接负责的董事、高级管理人员和其他直接责任人员的任职资格、禁止从事有关金融行业的工作。

中国人民银行县（市）支行发现金融机构违反本办法的，应当报告上一级中国人民银行分支机构，由上一级中国人民银行分支机构按照前款规定进行处罚或者提出建议。

第五章　附则

第四十九条　保险公司在办理再保险业务时，履行客户尽职调查义务不适用本办法。

第五十条　本办法有关用语的含义如下：

自然人客户的身份基本信息指姓名、性别、国籍、职业、住所地或者工作单位地址、联系方式，身份证件或者其他身份证明文件的种类、号码和有效期限，客户的住所地与经常居住地不一致的，以客户的经常居住地为准。

法人、非法人组织和个体工商户客户的身份基本信息指名称，住所，经营范围，可证明该客户依法设立或者可依法开展经营、社会活动的执照，证件或者文件的名称、号码和有效期限；法定代表人或负责人和授权办理业务人员的姓名、身份证件或者其他身份证明文件的种类、号码和有效期限；受益所有人的姓名、地址、身份证件或者其他身份证明文件的种类、号码和有效期限。

第五十一条　本办法由中国人民银行会同中国银行保险监督管理委员会、中国证券监督管理委员会解释。金融机构对本办法施行前已经建立业务关系或者进行交易的存量客户，未满足本办法有关客户尽职调查要求的，应当自本办法施行之日起1年内完成较高风险以上存量客户的尽职调查，自本办法施行之日起2年内完成全部存量客户的尽职调查。

第五十二条　本办法自2022年3月1日起施行。《金融机构客户身份识别和客户身份资料及交易记录保存管理办法》（中国人民银行　中国银行业监督管理委员会　中国证券监督管理委员会　中国保险监督管理委员会令〔2007〕第2号发布）同时废止。本办法施行前发布的客户尽职调查和客户身份资料及交易记录保存的其他规定与本办法不一致的，以本办法为准。

附录C　商业银行大堂经理考核管理办法

第一章　总则

第一条　为确保零售银行战略的实施，提高××银行大堂经理的基本素质和业务水平，提升银行服务品质，全面打造××银行金融服务的品牌，建立外部以客户经理营销，内部以银行大堂经理、贵宾理财经理维护，后台以柜面服务为支撑的零售业务服务体系，特制定本管理办法。

第二条　本办法适用于××分行从事银行大堂经理工作岗位的人员。

第二章　银行大堂经理选聘的基本原则与管理

第三条　各网点原则上配备一名专职银行大堂经理，全面负责大堂服务工作，网点达到一定规模后，分行可根据实际状况配备一名银行大堂经理助理协助银行大堂经理工作。节假日及午休时间各网点必须安排人员参与大堂轮值，保证营业时间银行大堂经理岗位无空缺，并正常履行服务、营销、疏导等职能。

第四条　银行大堂经理岗位采取面向全体员工公开选聘和网点推荐相结合。选聘原则为公开公正、严格考核、择优聘用。

第五条　银行大堂经理选聘的基本条件：热爱零售业务，善于与客户沟通。具有金融专业理论知识，超过1年的柜台或零售业务从业经验，持有AFP资格证书的优先考虑。

第六条　银行大堂经理为专职岗位，除了可以兼任零售部经理外，不得兼任其他岗位。

第七条　银行大堂经理的考核实行按季考核，定性考核与定量考核相结合，分行考核与支行（含分行营业部，下同）考核相结合，考评结果与绩效薪酬挂钩，并作为续聘和晋升降级的重要依据。

第八条　银行大堂经理的日常管理由各网点负责，关系隶属网点零售银行部。分行零售银行部负责对银行大堂经理的业务指导，人力资源部、零售银行部等部门将根据业务发展和营销工作的需要，对银行大堂经理进行经常性的培训，并定期对银行大堂经理的工作日志、客户意见的调查处理情况等进行检查和指导。

第三章　银行大堂经理的岗位职责与主要任务

第九条　银行大堂经理的职责与任务

1. 协助网点负责人管理全体柜面人员的服务及营业环境

（1）要求柜面人员在营业开始前做好班前准备，确保临柜人员能以饱满的精神、统一的着装、整洁有序的办公区环境开始一天的工作。

（2）确保营业厅内各类物品摆放整齐有序（包括营业厅内各种宣传资料、供客户使用的各种单据及凭证等的摆放），确保营业厅内宣传资料的实时性和准确性，不允许出现过时的或不准确的宣传材料；确保营业厅内的电子信息显示屏、时钟日历、业务标识牌等准确完好；确保营业厅内的便民设施正常运行，达到总行规定的基本标准（笔墨出水流畅；老花镜清晰可见、可戴、可用；自助终端、辨伪仪器等设备能正常运转等）。对以上项目每天应至少检查2次，发现问题及时联系相关部门予以维修、更换。

（3）营造和维护温馨、细致的营业环境和氛围，在精品化、细节化方面提出要求并监督实施。

（4）协助网点负责人做好零售银行业务相关制度、政策及产品等培训工作，对分行培训过的新产品及相关知识，在员工中开展二次培训。

2. 客户关系维护

（1）银行大堂经理协助理财经理开展客户关系管理工作，协助落实《××分行大客户服务规范》的各项服务要求。

（2）客户进入营业厅之后，如银行大堂经理身边无其他客户，需在10秒钟之内迎上前去接待客户，并迅速判断出该客户是老客户还是新客户，属于哪种客户群体，可能需要什么样的服务，从而采取不同的方式与客户交流，向客户介绍银行的金融产品。如身边有其他客户，要做到统筹兼顾。银行大堂经理要认真、负责、耐心地解答客户的咨询，实事求是地给客户提出合理的理财建议。

（3）营业厅内客户较多时，要引导客户通过自助设备办理零售业务，并根据业务需要设置终端，及时处理客户的咨询、查询以及操作非现金类的零售业务。

3. 网点服务质量管理与客户投诉处理

（1）银行大堂经理协助网点负责人管理柜面员工的服务质量，柜面人员应当服从、遵守银行大堂经理提出的关于服务质量方面的要求。

（2）发生纠纷时及时出面调解，将客户请到贵宾室或会客室。如本人不能解决或非本部门投诉，应及时与相关负责人或有关部门联系处理。

（3）作为举报与投诉接待的第一责任人，要确保意见簿始终出现在醒目的位置，方便客户提出意见和建议，并负责每日检查、摘录客户意见簿。对于客户提出的书面意见，要认真调查核实，分析原因，妥善处理：客户意见正确又能解决的，要立即解决；客户意见正确但不能立即解决的，要向营业网点负责人反映，并努力创造条件尽快解决；属客户误解的，要及时与其沟通，耐心解释，消除误解；对客户留下地址、姓名、电话的投诉或举报，要及时将处理结果反馈给客户。同时，对所有提出正确的批评意见和改进工作建议的客户都应在重大节日或其生日时送去礼物、感谢和祝福，营造银行良好的社会形象。

（4）在值班工作日记上详细记载每一项客户举报或投诉的处理进程，及时向营业网点负责人报告。营业网点相关负责人应定期检查并签阅，及时处理客户的举报和投诉。

（5）及时向相关部门反映在工作中发现的问题，以书面形式加以归纳、分析和总结，并提出合理化建议，为打造银行的形象而尽职尽责。

第四章 专职银行大堂经理的职级设置和基本工资

第十条 银行大堂经理的职级设置

根据专职银行大堂经理的年度考核结果与综合素质，分为见习银行大堂经理、初级银行大堂经理、高级银行大堂经理三级，对外称谓统一为"银行大堂经理"。

第十一条 银行大堂经理的职级考核和基本工资：

1．年度综合考核是专职银行大堂经理职级考核的依据。职级考核决定其基本工资标准。各职级对应不同的基本工资标准。

2．基本工资按标准发放。

3．职级考核：专职银行大堂经理的职级考核按自然年度考核，次年年初对上一年度进行综合考核并在分行银行大堂经理系列排名。

（1）综合考核排名前五位的，经分行零售银行部及人力资源部审定，可评定为高级银行大堂经理。

（2）综合考核排名末三位的，经过专业测试不合格，不适宜从事专职银行大堂经理岗位工作的，予以末位淘汰。

（3）综合考核排名居中（1、2项之间）的，评定为初级银行大堂经理。

（4）新转岗从事银行大堂经理岗位工作的，在未参加综合考核前，基本工资按原标准执行。新入行从事银行大堂经理岗位工作的，在未参加综合考核前，评定为见习银行大堂经理。

（5）各职级银行大堂经理的具体基本工资档次和标准由分行人力资源部根据年度工资总额情况核定。

第五章 银行大堂经理的考核

第十二条 银行大堂经理的考核分为两部分，其中分行考核占40%，支行（含分行营业部，下同）考核占60%，根据对银行大堂经理的综合考核结果计发绩效薪酬。

银行大堂经理综合考评得分=分行评分+支行评分

1．分行考核

分行考核与所属网点零售业务整体指标完成情况挂钩，同时考核银行大堂经理考试、培训情况，客户意见调查反馈情况及投诉处理情况，分行现场、非现场检查情况。分行零售银行部每季度末根据上述指标完成情况给银行大堂经理打分。

2. 支行考核

各网点根据银行大堂经理的日常服务规范执行情况、网点服务质量管理与客户投诉处理、客户关系维护、银行大堂经理与柜员及客户经理的配合程度、银行大堂经理的日志记录情况、零售产品的营销宣传能力以及工作中的创新能力等指标进行考核。由支行行长或主管零售业务的副行长、会计经理、支行零售银行部经理分别打分，占比分别为20%、20%、20%。

支行每季度末将考核结果上报分行零售银行部，同时分行零售银行部将各支行专职银行大堂经理考核结果反馈给支行。支行应根据专职银行大堂经理的考核结果分配银行大堂经理的绩效薪酬，并将分配结果反馈分行零售银行部。

第十三条 银行大堂经理因主观原因造成重大失误导致严重后果的，分行可随时将其调离工作岗位或降级。

第六章 附则

第十四条 本办法由分行人力资源部和零售银行部负责解释和修订。

第十五条 本办法自发文之日起执行。